DR. OETKER
EIS, SORBET FROZEN YOGHURT

DR. OETKER
EIS, SORBET FROZEN YOGHURT

Dr. Oetker Verlag

VORWORT

Bewusste Ernährung und süßer Genuss müssen keine Gegensätze sein.

Mit diesen coolen Rezeptideen weiß man ganz genau, wie viel Zucker

und Fett bei der Zubereitung verwendet werden. Natürlich gibt es auch

vegane und laktosefreie Varianten. Und das nicht nur für den Sommer,

denn Süßes geht das ganze Jahr. Einfach mal Semifreddo di Marsala,

veganes Avocado-Limetten-Sorbet oder weihnachtliches Stolleneis probieren.

Oder doch lieber Marzipan-Eis-Pralinen oder Kirschwasser-Eisrosen

auf der Zunge zergehen lassen? Ist das alles süß!

10 Minuten Gefrierzeit: etwa 4 Stunden (Eismaschine: etwa 25 Minuten)	4–6 Portionen	E: 5 g, F: 13 g, Kh: 37 g, kJ: 1229, kcal: 292, BE: 3,0

CREAMY FROZEN
YOGHURT

FÜR DIE EISMASSE:

1 Pck. Dr. Oetker Bourbon-Vanille-Zucker
1 Pck. Sahnesteif
500 g griechischer Joghurt (10 % Fett)
150 g Joghurt (0,1 % Fett)
70 g Agavendicksaft
1 Prise Salz
1–2 TL Zitronensaft

FÜR DAS TOPPING:

70 g Mini-Florentiner
150 g Erdbeer-Fruchtaufstrich

ZUSÄTZLICH:

1 gefriergeeignete Form
1 stabiler Spritzbeutel mit Sterntülle
   (Ø etwa 12 mm)

1_ Für die Eismasse Vanille-Zucker und Sahnesteif mischen. Restliche Zutaten nacheinander in eine Schüssel geben, die Zucker-Sahnesteif-Mischung mit einem Schneebesen unterrühren. Die Masse mit Salz und Zitronensaft abschmecken.

2_ Die Masse in eine Eismaschine füllen und etwa 25 Minuten gefrieren lassen, bis die Masse cremig aber nicht ganz fest ist. Oder die Masse in eine gefriergeeignete Form geben und zugedeckt etwa 4 Stunden in den Gefrierschrank stellen, dabei gelegentlich umrühren. Vor dem Servieren Frozen Yoghurt etwas antauen lassen, mit einem Pürierstab zu einer glatten Masse pürieren.

3_ Für das Topping die Florentiner grob hacken. Erdbeeraufstrich glatt rühren.

4_ Die fertige Eismasse in den Spritzbeutel mit Sterntülle füllen und z.B. in vorgekühlte Gläser oder Becher spritzen. Frozen Yoghurt nach Belieben mit Florentinerstückchen und Erdbeeraufstrich garnieren.

→ TIPPS:

Frozen Yoghurt schmeckt am besten, wenn er mit einer Eismaschine zubereitet wird.
Alternativen für das Topping könnten auch etwa 30 g Raspelschokolade, 2 Esslöffel bunte Zuckerstreusel oder 300 g rote Grütze sein.

VARIANTE: Mango Frozen Yoghurt

(Titelrezept, 4–6 Portionen)
Von 2 Mangos (je etwa 500 g) das Fruchtfleisch vom Stein schneiden, schälen, in Stücke schneiden und pürieren. Das Mangopüree evtl. mit etwas Limettensaft abschmecken. 500 g Joghurt (1,5 % Fett) mit 100 ml Milch (1,5 % Fett) und 50 g Zucker verrühren. Das Mangopüree unterrühren. Die Eismasse in einer vorbereiteten Eismaschine etwa 45 Minuten gefrieren lassen. Oder die Eismasse in eine gefrierfeste Form geben und zugedeckt etwa 4 Stunden in den Gefrierschrank stellen, dabei etwa alle 30 Minuten umrühren. Vor dem Servieren Frozen Yoghurt etwas antauen lassen, mit einem Pürierstab zu einer glatten Masse pürieren. Die Eismasse in den Spritzbeutel mit Sterntülle füllen und z.B. in vorgekühlte Gläser spritzen.

Grundrezepte

etwa 30 Minuten	8 Portionen	E: 3 g, F: 23 g, Kh: 12 g,
Gefrierzeit: etwa 3 Stunden		kJ: 1118, kcal: 267, BE: 1,0
(Eismaschine: etwa 40 Minuten)		

VANILLEEIS

FÜR DIE EISMASSE:
1 Vanilleschote
4 Eigelb (Größe M)
500 g Schlagsahne (mind. 30 % Fett)
80 g Zucker

ZUSÄTZLICH:
1 gefriergeeignete Form

1_ Für die Eismasse Vanilleschote mit einem Messer der Länge nach aufschneiden. Das Mark herausschaben. Eigelb mit 3 Esslöffeln von der Sahne, Zucker und Vanillemark in einer Edelstahlschüssel oder einem Edelstahltopf verrühren. Masse im Wasserbad bei mittlerer Hitze mit einem Schneebesen zu einer dicklichen Masse aufschlagen. Achtung: Wasser und Eigelbmasse dürfen nicht kochen, da die Masse sonst gerinnt!

2_ Die Schüssel oder den Topf aus dem Wasserbad nehmen und in kaltes Wasser setzen. Die Eigelbmasse mit dem Schneebesen so lange weiterschlagen, bis sie abgekühlt ist.

3_ Die restliche Sahne steif schlagen und unterheben. Die Masse in die Form füllen, zugedeckt im Gefrierschrank mind. 3 Stunden gefrieren lassen. Oder das Eis in einer vorbereiteten Eismaschine in etwa 40 Minuten gefrieren lassen. Dann nur die Eigelbmasse im heißen Wasserbad aufschlagen, die restliche Sahne nicht steif schlagen, sondern flüssig unterrühren.

→ TIPPS:
Das Eis z. B. mit frischen Beeren, Schokoladensauce oder Eierlikör servieren. Oder das Eis in Waffeltüten anrichten, deren Ränder vorher in geschmolzene Schokolade und dann in Zuckerstreusel getaucht wurden.

HINWEIS:
Nur ganz frische Eier verwenden (Legedatum beachten, mind. 23 Tage Resthaltbarkeit).

VARIANTE: Schokoladeneis (8 Portionen)
Zusätzlich 100 g Edelbitter-Schokolade grob zerkleinern und in einer Edelstahlschüssel im Wasserbad bei schwacher Hitze unter Rühren schmelzen. 50 g Vollmilch-Schokolade fein hacken. Die Eigelbmasse wie im Rezept beschrieben (aber ohne Vanillemark) im Wasserbad zubereiten. Die geschmolzene Schokolade unterrühren und die Masse etwas abkühlen lassen. Zuerst die steif geschlagene Schlagsahne in 2 Portionen, dann die gehackte Schokolade unterheben. Bei der Zubereitung in einer Eismaschine die flüssige Sahne unter die Schokoladenmasse rühren. Gehackte Schokolade dann erst kurz vor Ende der Gefrierzeit hinzugeben.

25 Minuten, ohne Abkühlzeit	4–6 Portionen	E: 8 g, F: 33 g, Kh: 37 g,
Gefrierzeit: etwa 4 Stunden		kJ: 2008, kcal: 479, BE: 3,0
(Eismaschine: etwa 30 Minuten)		

WEIẞES
SCHOKOLADENEIS
MIT CANTUCCINI

FÜR DIE EISMASSE:
100 g weiße Schokolade
250 ml Milch (3,5 % Fett)
300 g Schlagsahne
3 Eigelb (Größe M)
1 Pck. Dr. Oetker Bourbon-Vanille-Zucker
30 g Honig, z. B. Rapshonig
100 g Cantuccini (ital. Mandelgebäck)

ZUM BESTREUEN:
evtl. 4–6 zerbröselte Cantuccini

ZUSÄTZLICH:
1 gefriergeeignete Form

1_ Für die Eismasse die Schokolade in kleine Stücke hacken. Milch und Sahne in einem Topf aufkochen. Den Topf der Kochstelle nehmen. Die Schokolade in der Sahne-Milch-Mischung schmelzen. Die Schoko-Sahne-Milch glatt rühren.

2_ Eigelb mit Vanille-Zucker und Honig in einer Edelstahlschüssel oder einem Edelstahltopf im Wasserbad bei mittlerer Hitze zu einer dicklichen Creme aufschlagen. Die Schoko-Sahne-Milch unterrühren. Die Schüssel oder den Topf aus dem Wasserbad nehmen und sofort in kaltes Wasser stellen. Die Masse unter Rühren erkalten lassen. Cantuccini grob hacken.

3_ Die Eismasse in die Form füllen und zugedeckt in einem Gefrierschrank etwa 4 Stunden gefrieren lassen. Dabei die Eismasse alle 30 Minuten umrühren und nach etwa 3½ Stunden die gehackten Cantuccini-Stückchen unterrühren.

4_ Oder die Eismasse in einer vorbereiteten Eismaschine etwa 20 Minuten gefrieren lassen, bis die Masse cremig aber noch nicht ganz gefroren ist. Die Cantuccini-Stückchen unterrühren. Die Eismasse in der Eismaschine weitere etwa 10 Minuten gefrieren lassen.

5_ Zum Servieren von dem Eis mit einem Eisportionierer Kugeln abstechen. Das Eis nach Belieben mit zerböselten Cantuccini bestreuen.

→ TIPPS:
Das Eis etwa 30 Minuten vor dem Verzehr aus dem Gefrierschrank nehmen. Das Eis passt gut zu Beerenkompott oder dunkler Schokoladensauce.

HINWEIS:
Nur ganz frisches Eigelb verwenden (Legedatum beachten, mind. 23 Tage Resthaltbarkeit).

| ⏱ 15 Minuten Gefrierzeit: mind. 3 Stunden (Eismaschine: etwa 45 Minuten) | 4–6 Portionen | ⚖ E: 5 g, F: 4 g, Kh: 34 g, kJ: 834, kcal: 199, BE: 3,0 |

STRAWBERRY FROZEN
YOGHURT
(im Foto links)

500 g Erdbeeren
500 g Joghurt (3,5 % Fett)
120 g Puderzucker
Saft von 1 Zitrone

ZUSÄTZLICH:
1 gefriergeeignete Form
4–6 gefriergeeignete Gläser

1_ Erdbeeren putzen, abspülen und gut abtropfen lassen. Einige Erdbeeren mit dem Grün beiseitelegen. Restliche Erdbeeren entstielen, in einen hohen Rührbecher füllen und fein pürieren. Joghurt, Puderzucker und Zitronensaft untermixen.

2_ Den Erdbeerjoghurt in die Form geben und zugedeckt mind. 3 Stunden in den Gefrierschrank stellen, dabei gelegentlich umrühren. Oder den Erdbeerjoghurt in einer Eismaschine etwa 45 Minuten gefrieren lassen. Vier bis sechs Gläser in den Gefrierschrank stellen.

3_ Vor dem Servieren den Strawberry Frozen Yoghurt etwas antauen lassen und mit einem Pürierstab zu einer glatten Masse pürieren.

4_ Vom Strawberry Frozen Yoghurt mit einem Esslöffel (vorher in heißes Wasser tauchen) Nocken abstechen und in den angefrorenen Gläsern verteilen. Strawberry Frozen Yoghurt mit den beiseitegelegten Erdbeeren garnieren und sofort servieren.

VARIANTE 1: Vanilla Frozen Yoghurt
(4–6 Portionen, im Foto hinten)
Dazu 1 Vanilleschote längs aufschneiden. Das Mark herausschaben. 100 ml Wasser mit 100 g Zucker, Vanillemark und -schote zum Kochen bringen und 1 Minute kochen lassen. Die Flüssigkeit erkalten lassen. Vanilleschote entfernen. Das Vanille-Zucker-Wasser mit 800 g Joghurt (1,5 % Fett) verrühren, in eine gefriergeeignete Form geben und zugedeckt in den Gefrierschrank stellen. Den Vanillejoghurt wie im Rezept beschrieben gefrieren lassen. Vor dem Servieren den Vanilla Frozen Yoghurt etwas antauen lassen und mit einem Pürierstab zu einer glatten Masse pürieren. Vanilla Frozen Yoghurt mit Beeren garniert sofort servieren.

VARIANTE 2: Lemon Frozen Yoghurt
(4–6 Portionen, im Foto rechts)
Dazu 4 Bio-Zitronen (unbehandelt, ungewachst) heiß abwaschen, abtrocknen und die Schale von 3 Zitronen hauchdünn abreiben. Die vierte Zitrone halbieren, eine Zitronenhälfte in schmale Spalten schneiden und beiseitelegen. Restliche Zitronen ebenfalls halbieren, auspressen und etwa 80 ml Saft abmessen. Zitronenschale, -saft, 800 g Joghurt (3,5 % Fett) und 100 g Puderzucker gut verrühren. Zitronenjoghurt in eine gefriergeeignete Form füllen, wie im Rezept beschrieben gefrieren lassen. Vor dem Servieren Lemon Frozen Yoghurt etwas antauen lassen, mit einem Pürierstab zu einer glatten Masse pürieren. Diese in einen Spritzbeutel mit großer Sterntülle (Ø 12 mm) füllen und in Gläser oder Schalen spritzen. Lemon Frozen Yoghurt mit beiseitegelegten Zitronenspalten garnieren und servieren.

15 Minuten	6 Portionen	E: 6 g, F: 26 g, Kh: 52 g,
Gefrierzeit: etwa 40 Minuten		kJ: 1971, kcal: 471, BE: 4,5

HIMBEER-SAHNE-EISCREME
IM WAFFELBECHER

FÜR DIE EISCREME:
450 g Himbeeren (frisch oder TK)
200 g Schlagsahne (mind. 30 % Fett)
100 g Zucker

12 kleine Waffelbecher
gehackte Pistazienkerne

1_ Für die Eiscreme frische Himbeeren verlesen. Himbeeren auf einem Tablett verteilen, in den Gefrierschrank stellen und etwa 40 Minuten anfrieren lassen. TK-Himbeeren etwa 15 Minuten antauen lassen.

2_ Die Sahne steif schlagen. Vorbereitete Himbeeren und Zucker im Mixaufsatz der Küchenmaschine, im Standmixer oder mit dem Pürierstab pürieren. Sahne unterheben.

3_ Die halb gefrorene Himbeer-Sahne-Eiscreme in Waffelbecher füllen, mit gehackten Pistazienkernen bestreuen und sofort servieren.

→ TIPPS:
Halb gefrorene Himbeer-Sahne-Creme mit Schokosauce servieren. Statt Himbeeren können Sie auch Erdbeeren verwenden.

VARIANTE: Erdbeer-Quark-Eis
(6 Portionen)
Dazu 2 Eigelb mit 40 g Zucker in einer Edelstahlschüssel verschlagen und dann im heißen Wasserbad (85–90 °C) mit einem Schneebesen zu einer dicklich-cremigen Masse aufschlagen. Die Schüssel sofort in eiskaltes Wasser stellen und die Masse unter Rühren erkalten lassen. 400 g Erdbeeren abspülen, gut abtropfen lassen, entstielen, halbieren und pürieren. Erdbeerpüree, 100 g Quark und 1 Esslöffel Zitronensaft unter die Eigelbmasse rühren. 100 g Sahne steif schlagen und unterheben. Die Eismasse in eine gefriergeeignete Form füllen, zudecken und das Eis etwa 4 Stunden gefrieren. Das Eis etwa 20 Minuten vor dem Servieren aus dem Gefrierschrank nehmen und etwas antauen lassen. Das Eis in die Waffelbecher füllen und servieren.

| 15 Minuten, ohne Ziehzeit Gefrierzeit: etwa 4 Stunden (Eismaschine: etwa 30 Minuten) | 4 Portionen | E: 5 g, F: 8 g, Kh: 26 g, kJ: 861, kcal: 205, BE: 2,0 |

GINGER FROZEN
YOGHURT

FÜR DIE EISMASSE:

30 g Ingwer
30 g Zucker
50 g Agavendicksaft
30 ml Yuzusaft (im Internet
    oder japanischen Lebens-
    mittelgeschäften erhältlich)
    oder Limettensaft
½ TL Agar-Agar

500 g Joghurt (0,1 % Fett)
100 g Schlagsahne
    (mind. 30 % Fett)

FÜR DAS TOPPING:

4 Hibiskusblüten in Sirup
oder
200 g Wassermelone

ZUSÄTZLICH:

1 gefriergeeignete Form
1 stabiler Spritzbeutel mit
    Sterntülle (Ø etwa 12 mm)

1_ Für die Eismasse Ingwer schälen und sehr fein hacken. Ingwer mit Zucker in einem kleinen Topf verrühren, etwa 10 Minuten Saft ziehen lassen.

2_ Dann Agavendicksaft, Yuzu- oder Limettensaft und Agar-Agar dazugeben und unterrühren. Das Ganze aufkochen und bei schwacher Hitze etwa 2 Minuten unter Rühren köcheln lassen.

3_ Die heiße Sirupmasse durch ein Sieb streichen und auffangen. Ingwer gut ausdrücken und auf einem Teller erkalten lassen. Aufgefangenen Sirup in eine Schüssel geben. Den Joghurt nach und nach unter den Sirup rühren. Die Sahne steif schlagen und unterheben.

4_ Die Joghurtmasse in eine Eismaschine füllen und etwa 30 Minuten gefrieren lassen, bis die Masse cremig aber nicht ganz fest ist. Oder die Masse in eine gefriergeeignete Form geben und zugedeckt etwa 4 Stunden in den Gefrierschrank stellen, dabei gelegentlich umrühren. Vor dem Servieren Ginger Frozen Yoghurt etwas antauen lassen, mit einem Pürierstab zu einer glatten Masse pürieren.

5_ Für das Topping in der Zwischenzeit die Hibiskus-blüten abtropfen lassen, dabei etwa 2 Esslöffel vom Sirup auffangen. Oder die Wassermelone entkernen, schälen und in kleine Würfel schneiden.

6_ Die fertige Eismasse in den Spritzbeutel mit Sterntülle füllen und z.B. in vorgekühlte Dessert-schälchen spritzen. Ginger Frozen Yoghurt nach Belieben mit Hibiskusblüten und Sirup oder mit Wassermelonenwürfeln und etwas von den beiseitegelegten Ingwerwürfeln garnieren.

→ TIPP:

Ebenso zum Garnieren eignen sich: etwa 30 g geröstete Mandelblättchen, 1–2 Esslöffel bunte Zuckerperlen oder 4 zerbröselte Orangenkekse.

20 Minuten, ohne Abkühlzeit Gefrierzeit: etwa 4 Stunden (Eismaschine: etwa 35 Minuten)	4–6 Portionen	E: 5 g, F: 31 g, Kh: 19 g, kJ: 1547, kcal: 370, BE: 1,5

SAHNEEIS

200 ml Milch (3,5 % Fett)
50 g Zucker
1 Prise Salz
3 Eigelb (Größe M)
20 g Traubenzucker
400 g Schlagsahne (mind. 30 % Fett)

ZUSÄTZLICH:
1 gefriergeeignete Form

1_ Milch mit Zucker, Salz und Eigelb in einem Topf verrühren, bei mittlerer Hitze zu einer dicklichen Creme aufschlagen. Achtung: Die Masse darf dabei nicht kochen, da die Eigelb-Milch-Masse sonst gerinnt!

2_ Den Topf von der Kochstelle nehmen und sofort in ein kaltes Wasserbad stellen. Die Masse unter ständigem Schlagen abkühlen lassen.

3_ Traubenzucker mit Sahne mit einem Mixer (Rührstäbe) steif schlagen. Die Sahne unter die Eigelb-Milch-Masse heben. Die Eismasse in die Form füllen, zudecken und in den Gefrierschrank stellen. Die Eismasse etwa 4 Stunden gefrieren lassen. Dabei die Masse alle 30 Minuten umrühren. Oder die Eismasse in einer vorbereiteten Eismaschine in etwa 35 Minuten zu einem cremigen Eis gefrieren lassen.

4_ Zum Servieren das Eis portionieren und in Schälchen anrichten.

HINWEIS:
Nur ganz frisches Eigelb verwenden (Legedatum beachten, mind. 23 Tage Resthaltbarkeit).

VARIANTE 1: Nougat-Sahne-Eis mit Macadamianusskernen (4–6 Portionen, im Foto rechts) Dazu 100 g schnittfeste Nuss-Nougat-Masse in kleine Stücke teilen, mit 4 Esslöffeln Schlagsahne in einer kleinen Edelstahlschüssel im heißen Wasserbad unter Rühren schmelzen. 100 g geröstete, gesalzene Macadamianusskerne klein hacken. 1 Grundrezept Sahneeis wie beschrieben zubereiten. Kurz bevor das Sahneeis fest ist, die Macadamianusskerne unterrühren. Dann die abgekühlte Nougat-Masse unterheben. Die Form wieder in den Gefrierschrank stellen. Das Eis mindestens noch 1 Stunde gefrieren lassen.

VARIANTE 2: Matcha-Eis (Eis mit Grüntee, 4–6 Portionen, im Foto oben) Dazu 2½ gestrichene Teelöffel Matcha-Tee (Teepulver aus grünem Tee, erhältlich in Tee- oder Asialäden) mit 200 ml Milch, 50 g Zucker, 1 Prise Salz und 3 Eigelb (Größe M) in einem Topf verrühren, bei mittlerer Hitze zu einer dicken Creme aufschlagen. Achtung: Die Masse darf dabei nicht kochen, da die Eigelb-Milch-Masse sonst gerinnt! Die Eiscreme weiter wie im Rezept (Punkte 2–4) beschrieben mit 20 g Traubenzucker und 400 g Schlagsahne zubereiten und gefrieren lassen.

Grundrezepte

20 Minuten
Gefrierzeit: etwa 3 Stunden
(Eismaschine: etwa 30 Minuten)

6 Portionen

E: 5 g, F: 36 g, Kh: 30 g,
kJ: 1924, kcal: 462, BE: 2,5

CRÈME-FRAÎCHE-EIS
MIT ROTER GRÜTZE

FÜR DIE EISMASSE:
300 g Crème fraîche
400 g Schlagsahne
100 g Zucker
250 g rote Grütze (aus dem Kühlregal)

ZUSÄTZLICH:
1 gefriergeeignete Schüssel

1_ Für die Eismasse Crème fraîche mit Sahne und Zucker in der Schüssel mit einem Schneebesen verrühren. Die Schüssel zugedeckt in den Gefrierschrank stellen und die Crème-fraîche-Masse etwa 1 Stunde gefrieren lassen.

2_ Dann die Eismasse umrühren und weitere etwa 1½ Stunden gefrieren lassen, dabei mehrmals umrühren, sodass eine cremige Masse entsteht. Rote Grütze unterrühren. Die Eismasse weitere etwa 30 Minuten in den Gefrierschrank stellen.

3_ Oder die Crème-fraîche-Masse in einer vorbereiteten Eismaschine etwa 25 Minuten gefrieren lassen, rote Grütze unterrühren und das Eis weitere etwa 5 Minuten gefrieren lassen.

→ TIPPS:
Das Eis etwa 20 Minuten vor dem Servieren aus dem Gefrierschrank nehmen.
Das Eis mit Eiswaffelröllchen servieren. Zusätzlich etwa 250 g rote Grütze erwärmen und zu dem Eis servieren. Statt roter Grütze können Sie auch eine andere Grütze, z.B. Kirsch-Grütze verwenden.

Grundrezepte

| 15 Minuten, ohne Abkühlzeit Gefrierzeit: etwa 4 Stunden (Eismaschine: etwa 45 Minuten) | etwa 4 Portionen VEGAN | E: 4 g, F: 2 g, Kh: 35 g, kJ: 746, kcal: 178, BE: 3,0 |

SOJA-QUITTEN-EIS

3 Messlöffel pflanzliches Bindemittel
    (3 g, z. B. Bindobin, erhältlich im
    Bio–Laden oder Reformhaus)
500 ml Sojadrink (ungesüßt)
½ Vanilleschote
200 g Quittengelee
1 Zimtstange

ZUSÄTZLICH:
1 gefriergeeignete Form

1_ Bindemittel in einen Topf geben, Sojadrink unter Rühren hinzugeben.

2_ Vanilleschote längs aufschneiden und das Mark herauskratzen. Quittengelee, Zimtstange, Vanille-mark und -schote zum Sojadrink geben, gut ver-rühren und unter Rühren aufkochen. Die Zutaten etwa 10 Minuten bei schwacher Hitze kochen las-sen, dabei gelegentlich umrühren. Den Topf von der Kochstelle nehmen. Sojadrink-Masse abkühlen lassen. Zimtstange und Vanilleschote entfernen.

3_ Die Eismasse in die Form geben, zugedeckt in den Gefrierschrank stellen und etwa 4 Stunden gefrieren lassen. Dabei die Masse etwa alle 30 Minuten umrühren. Oder die Masse in eine vorbereitete Eismaschine geben, in etwa 45 Minuten zu einem cremigen Eis gefrieren lassen und dann in den Gefrierschrank stellen.

4_ Vor dem Servieren das Eis etwa 30 Minuten in den Kühlschrank stellen und antauen lassen.

→ TIPPS:

Wenn Sie kein Quittengelee bekommen, können Sie auch Apfel- oder Johannisbeergelee verwenden. Sojadrink können Sie durch ungesüßten Reisdrink ersetzen.
Statt Bindobin können Sie auch Johannisbrotkernmehl verwenden.

VARIANTE: Hagebutten-Soja-Eis

(etwa 4 Portionen)
Dafür 3 Messlöffel pflanzliches Bindemittel (3 g, z.B. Bindobin) in einen Topf geben. 500 ml Sojadrink unter Rühren hinzugeben. 200 g Hagebuttenkonfitüre unterrühren und unter Rühren etwa 10 Minuten bei schwacher Hitze kochen lassen. Die Sojadrink-Masse abkühlen und wie im Grundrezept beschrieben in der Eismaschine oder in dem Gefrierschrank gefrieren lassen. Nach Belieben noch 70 g Cashewkerne hacken, in einer Pfanne ohne Fett rösten und kurz vor Ende der Gefrierzeit unter die Eismasse heben.

Grundrezepte

⏱ 20 Minuten, ohne Abkühlzeit
Gefrierzeit: etwa 4 Stunden
(Eismaschine: etwa 35 Minuten)

etwa 4 Portionen
VEGAN

⚖ E: 7 g, F: 17 g, Kh: 42 g,
kJ: 1491, kcal: 356, BE: 3,5

MANDEL-KAKAO-EIS

30 g Traubenzucker
3 Messlöffel pflanzliches
  Bindemittel (3 g, z. B.
  Bindobin, erhältlich
  im Bio–Laden oder
  Reformhaus)
30 g brauner Rohrzucker
30 g gesiebtes Kakaopulver

500 ml Mandeldrink
(erhältlich im Bioladen
oder Reformhaus)

FÜR DEN
MANDELKROKANT:
100 g gehackte Mandeln
40 g brauner Rohrzucker
20 g Traubenzucker

ZUM GARNIEREN:
250 g frische Himbeeren

ZUSÄTZLICH:
1 gefriergeeignete Form

1_ Traubenzucker mit Bindemittel, Rohrzucker und Kakao in einem Topf verrühren. Nach und nach den Mandeldrink hinzugießen und unter Rühren aufkochen. Den Topf von der Kochstelle nehmen. Die Kakaomasse erkalten lassen.

2_ Die Kakaomasse in die Form füllen und zugedeckt in einem Gefrierschrank etwa 4 Stunden gefrieren lassen. Dabei die Kakaomasse alle 30 Minuten umrühren. Oder die Kakaomasse in einer vorbereiteten Eismaschine in etwa 35 Minuten zu einem cremigen Eis gefrieren lassen.

3_ In der Zwischenzeit für den Krokant Mandeln in einer Pfanne ohne Fett unter Rühren goldbraun rösten, herausnehmen und auf einen Teller geben. Den Rohrzucker in die Pfanne geben und schmelzen lassen. Die Pfanne von der Kochstelle nehmen. Geröstete Mandeln und Traubenzucker in die Pfanne geben und unter den Karamell rühren. Den Mandelkrokant sofort auf ein Stück Backpapier geben und erkalten lassen.

4_ Wenn das Eis die gewünschte Konsistenz hat, drei Viertel des Mandelkrokants im Zerkleinerer oder mit einem Messer sehr fein hacken und unterrühren. Das Mandel-Kakao-Eis bis zum Verzehr in den Gefrierschrank stellen.

5_ Zum Garnieren Himbeeren verlesen. Von dem Eis mit einem Eisportionierer Kugeln abstechen. Das Eis mit den Himbeeren und dem restlichen, zerkleinerten Krokant anrichten.

→ TIPPS:
Das Eis etwa 30 Minuten vor dem Verzehr aus dem Gefrierschrank nehmen.
Statt Bindobin können Sie auch Johannisbrotkernmehl verwenden.

VARIANTE: Veganes Mandel-Bananen-
Eis mit Ingwer (etwa 4 Portionen, im Foto oben)
Dafür 4 Messlöffel (4 g) pflanzliches Bindemittel mit 20 g braunem Rohrzucker in einer Schüssel mischen. 250 ml ungesüßten Mandeldrink unterrühren. 15–20 g kandierten Ingwer klein hacken. 3 reife Bananen (etwa 370 g) schälen und klein schneiden. Bananenstücke mit Ingwer und 250 ml ungesüßtem Mandeldrink fein pürieren. Angerührten Mandeldrink unterrühren. Die Masse zugedeckt etwa 15 Minuten in den Kühlschrank stellen, dann in eine vorbereitete Eismaschine geben und in etwa 35 Minuten zu einem cremigen Eis gefrieren lassen. Oder die Bananen-Mandeldrink-Masse in eine gefrierfeste Form füllen und zugedeckt im Gefrierschrank etwa 4 Stunden gefrieren lassen. Dabei die Masse alle 30 Minuten umrühren.

Grundrezepte

| ⏱ 10 Minuten, ohne Kühlzeit Gefrierzeit: etwa 4 Stunden (Eismaschine: etwa 40 Minuten) | 4–6 Portionen | ⚖ E: 4 g, F: 16 g, Kh: 25 g, kJ: 1067, kcal: 258, BE: 2,0 |

BUTTERMILCH-CRÈME-FRAÎCHE-EIS

(Titelrezept)

50 g Traubenzucker
4 Messlöffel pflanzliches Bindemittel
(4 g, z. B. Bindobin, erhältlich im
Bio-Laden oder Reformhaus)
50 g brauner Rohrzucker
400 g Buttermilch
250 g Crème fraîche

ZUSÄTZLICH:
1 gefriergeeignete Form

1_ Traubenzucker mit Bindemittel und Rohrzucker in einer Rührschüssel verrühren. Buttermilch nach und nach unterrühren. Crème fraîche ebenfalls unterrühren. Die Masse etwa 15 Minuten in den Kühlschrank stellen.

2_ Die Buttermilch-Crème-fraîche-Masse in die Form füllen und zugedeckt im Gefrierschrank etwa 4 Stunden gefrieren lassen. Dabei die Masse etwa alle 30 Minuten umrühren. Oder die Buttermilch-Crème-fraîche-Masse in eine vorbereitete Eismaschine füllen und in etwa 40 Minuten zu einem cremigen Eis gefrieren lassen.

3_ Zum Servieren das Eis etwa 30 Minuten vorher im Kühlschrank antauen lassen.

→ TIPPS:
Das Eis schmeckt gut z.B. zu roter Grütze, Obstsalat oder frischem Apfelstrudel.
Statt Bindobin können Sie auch Johannisbrotkernmehl verwenden.

VARIANTE: Buttermilch-Crème-fraîche-Eis mit Physalis (etwa 6 Portionen, im Foto oben)
Dafür 100 g Physalis (Kapstachelbeeren) aus den Hüllen lösen, abspülen und abtropfen lassen. Physalis halbieren und in Stücke hacken. 100 g Aprikosenkonfitüre kurz aufkochen lassen. Gehackte Physalis und 1 Esslöffel Traubenzucker unterrühren, abkühlen lassen. 1 Grundrezept Buttermilch-Eis wie beschrieben zubereiten. Kurz bevor das Eis fest ist, die abgekühlte Aprikosen-Physalis-Masse hinzugeben und mit einem Mixer (Knethaken) oder mit einem Löffel unterheben. Die Eismasse in 6 gefriergeeignete Puddingförmchen (je 125 ml Inhalt) füllen. Die Förmchen mehrmals vorsichtig auf die Arbeitsplatte stoßen, sodass Luftblasen entweichen können. Die Förmchen zugedeckt in den Gefrierschrank stellen. Die Eismasse etwa 3 Stunden gefrieren lassen. Die Förmchen vor dem Servieren kurz in heißes Wasser tauchen. Das Eis aus den Förmchen auf Teller stürzen. Nach Belieben mit Physalis garnieren.

Grundrezepte

| 30 Minuten, ohne Abkühlzeit Gefrierzeit: mind. 5 Stunden (Eismaschine: etwa 45 Minuten) | 6 Portionen | E: 3 g, F: 13 g, Kh: 25 g, kJ: 1219, kcal: 293, BE: 2,0 |

WEISSWEINSORBET
MIT PFIRSICHSTÜCKEN

FÜR DIE SORBETMASSE:
240 g abgetropfte, natursüße Pfirsichhälften
(aus der Dose)
100 ml Pfirsichsaft (aus der Dose)
1 Bio-Zitrone (unbehandelt, ungewachst)
70 g heller Sirup (Brotaufstrich)
30 g Zucker
½ TL Agar-Agar
500 ml trockener Weißwein

FÜR DIE SAUCE:
250 g Crème fraîche
30 g brauner Zucker
100 g Joghurt (3,5 % Fett)

ZUSÄTZLICH:
1 gefriergeeignete Form

1_ Für die Sorbetmasse die Pfirsichhälften in einem Sieb abtropfen lassen. Dabei den Saft auffangen und 100 ml abmessen. Die Pfirsichhälften in sehr kleine Würfel schneiden.

2_ Die Zitrone heiß abwaschen und abtrocknen. Die Hälfte der Zitronenschale fein abreiben. Die Zitrone halbieren und auspressen. 2 Esslöffel vom Zitronensaft mit Sirup, Zucker, Agar-Agar und dem abgemessenen Pfirsichsaft in einen Topf geben, etwa 2 Minuten unter Rühren kochen lassen. Pfirsichwürfel und Weißwein unterrühren. Den Topf von der Kochstelle nehmen und die Masse erkalten lassen.

3_ Die Sorbetmasse in die Form füllen und zugedeckt mind. 5 Stunden in den Gefrierschrank stellen. Dabei die Masse nach etwa 2 Stunden, bis zum Ende der Gefrierzeit, etwa alle 30 Minuten umrühren. Oder die Sorbetmasse in einer vorbereiteten Eismaschine etwa 45 Minuten gefrieren lassen.

4_ Für die Sauce Crème fraîche mit Zucker mit einem Mixer (Rührstäbe) cremig aufschlagen. Joghurt unterrühren.

5_ Das Sorbet etwa 10 Minuten vor dem Servieren aus dem Gefrierschrank nehmen. Das Sorbet mit einem Pürierstab etwas pürieren und mit einem Eisportionierer zu Kugeln formen. Die Kugeln portionsweise mit der Sauce anrichten.

→ TIPPS:

Das Sorbet mit Zitronenmelisseblättchen und Zuckerblüten garniert servieren.
Wenn das Sorbet nicht püriert wird, hat es eine sehr krümelige Konsistenz. Dann eignet es sich auch sehr gut mit Sekt oder Weißwein als Aperitif. Dazu kleine Sorbetportionen in Sekt- oder Weingläser geben und mit Sekt oder Weißwein auffüllen.

| 20 Minuten, ohne Abkühlzeit Gefrierzeit: etwa 4 Stunden (Eismaschine: etwa 40 Minuten) | etwa 4 Portionen **VEGAN** | E: 2 g, F: 18 g, Kh: 30 g, kJ: 1202, kcal: 288, BE: 2,5 |

AVOCADO-LIMETTEN-
SORBET

1 Bio-Limette (unbehandelt, ungewachst)
1 Limette
100 g Voll-Rohrzucker
200 ml Orangensaft
2 reife Avocados (z. B. Hass-Avocados, je 200 g)

ZUSÄTZLICH:
1 gefriergeeignete Form

1_ Die Bio-Limette heiß abwaschen und abtrocknen. Die Limettenschale mit einem Sparschäler möglichst dünn abschälen. Beide Limetten halbieren, den Saft auspressen und 50 ml abmessen.

2_ Limettenschale, -saft, Zucker und Orangensaft in einem Topf verrühren, zum Kochen bringen und etwa 5 Minuten bei schwacher Hitze kochen lassen. Den Zitrussirup durch ein Sieb in ein Gefäß gießen und abkühlen lassen.

3_ Die Avocados halbieren und die Steine herauslösen. Das Fruchtfleisch mit einem Löffel aus den Schalen lösen und klein schneiden.

4_ Avocadostücke und 250 ml vom abgekühlten Zitrussirup in einen Rührbecher geben und mit einem Pürierstab zu einer glatten, glänzenden Masse pürieren.

5_ Die Sorbetmasse in eine gefriergeeignete Form füllen und zugedeckt in den Gefrierschrank stellen. Sorbet etwa 4 Stunden gefrieren lassen. Dabei das Sorbet alle 30 Minuten umrühren. Oder die Sorbetmasse in einer vorbereiteten Eismaschine in etwa 40 Minuten gefrieren lassen.

VARIANTE: Veganes Kürbis-Limetten-Sorbet (etwa 4 Portionen)
Dazu 2 Bio-Limetten (unbehandelt, ungewachst) heiß abwaschen und abtrocknen. Die Limettenschale mit einem Sparschäler möglichst dünn abschälen. Limetten halbieren und den Saft auspressen. 120 g Zucker, Limettenschale und 250 ml Wasser in einem Topf zum Kochen bringen. Die Flüssigkeit ohne Deckel auf etwa 100 ml einkochen lassen, dann die Limettenschalen entfernen. 500 g geputztes, fein gewürfeltes oder geraspeltes Kürbisfruchtfleisch in den Limettensirup geben und zugedeckt etwa 10 Minuten köcheln lassen, dabei ab und zu umrühren. Die Limetten-Kürbis-Masse pürieren, erkalten lassen und mit dem Limettensaft abschmecken. Die Masse wie im Rezept beschrieben gefrieren lassen.

Sorbets, Granitas & Eisdrinks

15 Minuten, ohne Abkühlzeit
Gefrierzeit: 1–2 Stunden

4 Portionen
VEGAN

E: 1 g, F: 0 g, Kh: 36 g,
kJ: 670, kcal: 160, BE: 3,0

ERDBEER-GRANITA

125 g Roh-Rohrzucker
500 ml Wasser
400 g Erdbeeren
125 ml Zitronensaft

ZUSÄTZLICH:
1 große, flache Form
(am besten eine Edelstahlschale)

1_ Zucker mit Wasser in einem kleinen Topf zum Kochen bringen, bis sich der Zucker vollständig gelöst hat. Zuckerwasser abkühlen lassen.

2_ Erdbeeren waschen, abtropfen lassen, entstielen und in einen hohen Rührbecher geben. Die Erdbeeren mit einem Stabmixer fein pürieren. Zitronensaft unterrühren. Zuckerwasser hinzufügen und alles gut glatt rühren.

3_ Die Erdbeermasse in eine gefrierfeste Schüssel geben und zugedeckt innerhalb von 1–2 Stunden zu leicht gefrorenem Fruchtsaft anfrieren lassen, dabei etwa alle 15 Minuten die Erdbeermasse umrühren.

4_ Granita vor dem Servieren mit einem Löffel herausschaben und in einem hohen Glas anrichten.

→ TIPP:
Erdbeer-Granita mit Minze- oder Zitronenmelisseblättchen garniert servieren.

VARIANTE: **Himbeer- oder Johannisbeeren-Granita** (4 Portionen)
Statt Erdbeeren 400 g frische Himbeeren verlesen, kurz abspülen und gut abtropfen lassen. Anschließend die Himbeeren durch ein Sieb streichen, damit die Kerne entfernt werden. Oder 500 g frische rote Johannisbeeren abspülen, gut abtropfen lassen und die Beeren von den Rispen streifen. Johannisbeeren ebenso zunächst pürieren, dann durch ein Sieb streichen. Himbeer- oder Johannisbeermark mit Zitronensaft und Zuckerwasser gut verrühren und gefrieren lassen.

Sorbets, Granitas & Eisdrinks

| ⏱ 10 Minuten, ohne Abkühlzeit | 2–4 Portionen | ⬛ E: 1 g, F: 11 g, Kh: 62 g, kJ: 1448, kcal: 346, BE: 5,0 |

CAFÉ FRAPPÉ

600 ml frisch gekochter, starker Kaffee
180 g Zucker
6 Eiswürfel
100 g Schlagsahne
Trinkhalme

1_ Den heißen Kaffee mit Zucker verrühren und erkalten lassen.

2_ Den Kaffee mit den Eiswürfeln und der Sahne in einem Elektromixer kräftig durchmixen, sodass der Kaffee schäumt.

3_ Café Frappé sofort in 2–4 Gläser füllen und mit Trinkhalmen servieren.

→ TIPP:

Nach Belieben können Sie den Café Frappé mit einem Kaffee-, Schokoladen- oder Sahnelikör verfeinern.

VARIANTE 1: Klassischer Eiskaffee

(4 Portionen)
Dazu 600 ml Milch in einem Topf zum Kochen bringen. 50 g gemahlenen Kaffee in eine Kanne geben. Die kochende Milch hinzugießen. Den Kaffee zugedeckt etwa 30 Minuten ziehen lassen. Dann die Kaffeemilch durch ein Sieb in einen Krug oder Topf gießen. Den Kaffee evtl. mit Zucker abschmecken und erkalten lassen. Etwas Vanilleeis (z.B. von Seite 8) löffelweise in Gläser geben. Den Kaffee in den Gläsern verteilen. Nach Belieben 200 g Schlagsahne steif schlagen und in einen Spritzbeutel mit Sterntülle füllen. Den Eiskaffee damit verzieren und mit Schokoladenstreuseln oder -raspeln bestreut servieren.

VARIANTE 2: Eisschokolade

(4 Portionen)
Dafür 100 g Schokolade in kleine Stücke brechen, mit 125 ml Wasser in einem kleinen Topf unter ständigem Rühren so lange erhitzen, bis die Schokolade vollständig geschmolzen ist. Nach und nach 500 ml Milch und 125 g Schlagsahne hinzugießen, unter Rühren erhitzen, aber nicht kochen lassen. Den Topf von der Kochstelle nehmen. Schokoladen-Sahne-Milch abkühlen lassen und dann in den Kühlschrank stellen. Etwa 500 g Vanilleeis in 4 Portionen teilen und jede Eisportion in ein Glas geben. Die Schokoladen-Sahne-Milch in den Gläsern verteilen. Nach Belieben die Eisschokolade zusätzlich mit steif geschlagener Sahne garnieren.

Sorbets, Granitas & Eisdrinks

| ⏱ etwa 30 Minuten, ohne Abkühlzeit Gefrierzeit: etwa 4 Stunden (Eismaschine: etwa 30 Minuten) | etwa 4 Portionen **VEGAN** | ▢ E: 2 g, F: 0 g, Kh: 46 g, kJ: 839, kcal: 201, BE: 4,0 |

HIMBEERSORBET

(im Foto vorn)

150 ml Wasser
160 g Zucker
Schale von ½ Bio-Zitrone
500 g Himbeeren

ZUSÄTZLICH:
1 gefriergeeignete Form

1_ Wasser mit Zucker und Zitronenschale in einem kleinen Topf zum Kochen bringen, ohne Deckel bei starker Hitze etwa 5 Minuten auf etwa 100 ml Sirup einkochen lassen. Sirup erkalten lassen, Zitronenschale entfernen.

2_ Himbeeren verlesen, evtl. kurz abspülen und trocken tupfen. Himbeeren mit der Hälfte des Sirups in einen Rührbecher geben und pürieren. Die Masse nach Belieben durch ein Sieb streichen und den restlichen Sirup unterrühren.

3_ Die Masse in eine gefriergeeignete Form geben und zugedeckt etwa 1 Stunde gefrieren lassen, dann umrühren und noch weitere etwa 3 Stunden gefrieren lassen. Dabei mehrmals umrühren, sodass eine cremige Masse entsteht. Oder die Masse in eine vorbereitete Eismaschine füllen und in etwa 30 Minuten gefrieren lassen.

4_ Zum Servieren das Himbeersorbet nach Belieben mit einem Esslöffel oder Eisportionierer in 4 Portionsschüsseln verteilen.

VARIANTE 1: Erdbeersorbet
(Titelrezept, 4 Portionen, vegan)
Statt Himbeeren Erdbeeren verwenden. Diese abspülen, abtropfen lassen, entstielen und pürieren. Für den Sirup nur 100 g Zucker verwenden. Das Sorbet wie im Rezept beschrieben zubereiten.

VARIANTE 2: Mangosorbet
(4 Portionen, im Foto hinten, vegan)
Einen Sirup aus 125 ml Wasser, 80 g Zucker, Schale von ½ Bio-Limette und 2 Esslöffeln Limettensaft wie im Rezept beschrieben einkochen (ergibt etwa 80 ml Sirup) und erkalten lassen. Limettenschale entfernen. Von 2 Mangos das Fruchtfleisch vom Stein schneiden. Fruchtfleisch schälen, würfeln und pürieren. Mangopüree und Sirup verrühren, in einer gefriergeeigneten Form etwa 4 Stunden gefrieren lassen. Nach der ersten Stunde 1–2-mal umrühren.

Sorbets, Granitas & Eisdrinks

15 Minuten, ohne Abkühlzeit
Gefrierzeit: etwa 5 Stunden
(Eismaschine: etwa 30 Minuten)

4–6 Portionen
VEGAN

E: 0 g, F: 0 g, Kh: 31 g,
kJ: 751, kcal: 180, BE: 2,5

DAIQUIRI-
SORBET

250 ml Wasser
150 g Zucker
150 ml Limettensaft
100 ml weißer Rum

ZUM GARNIEREN:
1 Bio-Limette (unbehandelt,
ungewachst)

ZUSÄTZLICH:
1 gefriergeeignete Form

1_ Wasser mit Zucker in einem Topf zum Kochen bringen und etwa 1 Minute kochen lassen. Den Topf von der Kochstelle nehmen. Zuckerlösung erkalten lassen.

2_ Zuckerlösung mit Limettensaft und Rum verrühren, in eine gefriergeeignete Form füllen und zugedeckt in den Gefrierschrank stellen. Die Sorbetmasse etwa 5 Stunden gefrieren lassen. Dabei das Sorbet alle 30 Minuten mit einem Schneebesen gut durchrühren. Oder das Sorbet in eine vorbereitete Eismaschine füllen und in etwa 30 Minuten gefrieren lassen.

3_ Zum Garnieren Limette heiß abwaschen und abtrocknen. Limette in dünne Scheiben schneiden. Daiquiri-Sorbet in Gläser füllen und mit Limettenscheiben garnieren.

VARIANTE: **Orangen-Campari-Sorbet**
(etwa 6 Portionen)
Dafür 60 ml Wasser mit 60 g Zucker in einem Topf zum Kochen bringen und etwa 1 Minute kochen lassen. Zuckerlösung erkalten lassen. Die Zuckerlösung mit 500 ml frisch gepresstem Orangensaft und 40 ml Campari verrühren. Die Masse in eine gefrierfeste Form füllen. Die Form zudecken und in den Gefrierschrank stellen. Die Sorbetmasse 4–5 Stunden gefrieren lassen. Dabei das Sorbet alle 30 Minuten mit einem Schneebesen kräftig durchschlagen. Zum Servieren Orangen-Campari-Sorbet in Gläsern anrichten und mit Orangenfilets garniert servieren.

Sorbets, Granitas & Eisdrinks

| ⏱ 30 Minuten
Gefrierzeit: etwa 3 Stunden | etwa 6 Portionen
VEGAN | ◻ E: 3 g, F: 1 g, Kh: 43 g,
kJ: 1088, kcal: 259, BE: 3,5 |

EXOTISCHE
GRANITA

2 Bio-Limetten (unbehandelt, ungewachst)
1 reife Mango (etwa 450 g)
300 g Bananen
125 ml weißer Rum
650 ml Orangensaft
etwa 120 ml Agavendicksaft
(aus dem Reformhaus)
10 Passionsfrüchte (je 40–50 g)

ZUSÄTZLICH:
1 große, flache Form
(am besten eine Edelstahlschale)

1_ Limetten heiß abwaschen, abtrocknen und die Schale abreiben. Limetten halbieren und den Saft auspressen. Mangofruchtfleisch vom Stein schneiden. Das Fruchtfleisch schälen und in Stücke schneiden. Bananen schälen und in Stücke schneiden.

2_ Limettenschale, -saft, Mango- und Bananenstücke in einen Rührbecher geben. Rum, Saft und Agavendicksaft hinzugeben. Die Zutaten fein pürieren.

3_ Passionsfrüchte halbieren, die Kerne und den Saft herausschaben. Kerne und Saft durch ein feines Sieb streichen. Passionsfruchtsaft unter die Orangen-Rum-Mischung rühren.

4_ Die Fruchtmasse in die Form gießen und zugedeckt in den Gefrierschrank stellen. Nach jeweils 30 Minuten mit einer Teigkarte oder einem Küchenspachtel die sich am Rand bildenden Eiskristalle zur Mitte schieben.

5_ So lange wiederholen, bis die ganze Flüssigkeit gefroren ist und sich trockene, locker auseinanderfallende Eiskristalle gebildet haben.

6_ Granita in Gläsern oder Schälchen servieren.

Sorbets, Granitas & Eisdrinks

20 Minuten
Gefrierzeit: mind. 3 Stunden
(Eismaschine: etwa 30 Minuten)

4 Portionen

E: 1 g, F: 0 g, Kh: 18 g,
kJ: 409, kcal: 98, BE: 1,5

CASSIS-SORBET

150 g rote Johannisbeeren
150 g schwarze
    Johannisbeeren
50 g Zucker
2 cl Crème de Cassis
    (Johannisbeerlikör)

ZUM GARNIEREN:
einige Johannisbeerrispen

ZUSÄTZLICH:
1 gefriergeeignete Form
1 Spritzbeutel mit großer
    Sterntülle (Ø 12 mm)

1_ Die Johannisbeeren abspülen, abtropfen lassen und von den Rispen streifen. Beeren mit Zucker im Mixer oder mit einem Pürierstab pürieren. Püree mit Likör abschmecken.

2_ Püree durch ein Sieb streichen, in eine gefriergeeignete Form füllen und zugedeckt mind. 3 Stunden in den Gefrierschrank stellen. Oder das Püree in eine vorbereitete Eismaschine füllen und in etwa 30 Minuten gefrieren lassen.

3_ Vor dem Servieren das Sorbet etwa 15 Minuten im Kühlschrank antauen lassen. Cassis-Sorbet in den Spritzbeutel mit großer Sterntülle füllen und in 4 Gläser spritzen.

4_ Zum Garnieren die Johannisbeerrispen abspülen und gut abtropfen lassen. Das Sorbet mit Johannisbeerrispen garnieren.

→ TIPP:

Das Püree etwa 2 Stunden gefrieren lassen. Dann das Sorbet mit einem Mixer (Rührstäbe) kurz durchrühren. Das halb gefrorene Sorbet mit einem Eisportionierer in Gläser geben und mit etwas Sekt auffüllen.

VARIANTE: Pflaumensorbet mit Schuss
(etwa 6 Portionen)
Dazu 385 g abgetropfte Pflaumen aus einem Glas (dabei den Saft auffangen) mit 100 g Zucker und 2 Esslöffeln Zitronensaft pürieren. Die Masse durch ein Sieb streichen und mit 200 ml trockenem Sekt, 200 ml Pflaumensaft aus dem Glas und 125 ml Pflaumenaperitif verrühren. Die Pflaumenmasse in eine gefriergeeignete Form füllen und zugedeckt etwa 4 Stunden gefrieren lassen, dabei das Sorbet nach 1 Stunde Gefrierzeit alle 30 Minuten umrühren. Zum Servieren das Sorbet z.B. in kleinen Kugeln in Dessertgläser füllen.

Sorbets, Granitas & Eisdrinks

20 Minuten, ohne Abkühl- und Durchziehzeit
Gefrierzeit: 4–5 Stunden
(Eismaschine: etwa 30 Minuten)

6 Portionen

E: 1 g, F: 0 g, Kh: 61 g,
kJ: 1231, kcal: 295, BE: 5,0

MANGO-MELONEN-SEKT-SORBET

250 ml Wasser
300 g Roh–Rohrzucker
300 g Honigmelone
1 Mango (etwa 200 g)
Saft von 1 Zitrone
400 ml veganer Sekt

ZUSÄTZLICH:
1 gefriergeeignete Form

1_ Wasser mit Zucker in einem Topf zum Kochen bringen und etwa 1 Minute kochen lassen. Wasser-Zucker-Lösung erkalten lassen.

2_ Inzwischen Honigmelone entkernen, in Spalten schneiden, schälen und in Stücke schneiden. Das Mangofruchtfleisch vom Stein schneiden, schälen und ebenfalls in Stücke schneiden.

3_ Die Obststücke in eine Schale geben, mit Zitronensaft und Sekt übergießen und etwa 1 Stunde durchziehen lassen.

4_ Dann das vorbereitetes Obst durch ein Sieb passieren. Die Wasser-Zucker-Lösung gut unterrühren.

5_ Die Sorbetmasse in die gefriergeeignete Form geben. Die Form zugedeckt in den Gefrierschrank stellen. Die Sorbetmasse 4–5 Stunden gefrieren lassen. Dabei das Sorbet alle 30 Minuten mit einem Schneebesen kräftig durchschlagen. Oder die Masse in eine vorbereitete Eismaschine füllen und in etwa 30 Minuten gefrieren lassen.

6_ Zum Servieren das Sorbet kugelförmig in Gläsern anrichten und servieren.

→ **TIPPS:**

Nach Belieben Melonenkugeln und Mangospalten zum Sorbet servieren. Zusätzlich das Sorbet mit Minz- oder Zitronenmelisseblättchen garnieren.

Sorbets, Granitas & Eisdrinks

10 Minuten, ohne Abkühlzeit. Gefrierzeit: etwa 2 Stunden (Eismaschine: etwa 35 Minuten) | 4 Portionen VEGAN | E: 0 g, F: 0 g, Kh: 47 g, kJ: 838, kcal: 200, BE: 4,0

HOLUNDER-APFEL-EIS-SMOOTHIE

700 g Apfelmus (aus dem Glas)
50 ml Holunderblüten-Sirup (erhältlich im Bioladen oder Getränkehandel)
300 ml Apfelsaft

ZUSÄTZLICH:
1 flache, gefriergeeignete Form

1_ Apfelmus mit Sirup und Apfelsaft verrühren, in die Form geben und zugedeckt in den Gefrierschrank stellen. Die Masse etwa 2 Stunden gefrieren lassen. Dabei die Apfelmusmasse alle 30 Minuten umrühren.

2_ Oder die Apfelmusmasse in einer vorbereiteten Eismaschine in etwa 35 Minuten gefrieren lassen.

3_ Die gefrorene Apfelmusmasse mit einem Pürierstab pürieren.

4_ Holunder-Apfel-Eis-Smoothie in 4 Longdrinkgläser füllen und genießen.

→ **TIPP:**
Allein zu Haus? Die Apfelmusmasse kann auch in kleinen Portionen aus dem Gefrierschrank genommen und püriert werden. Der Rest bleibt dann einfach bis zur nächsten „Lust auf Eis" eingefroren.

VARIANTE 1: Apfel-Mango-Eis-Smoothie
(4 Portionen)
Dafür 700 g Apfel-Mango-Mark mit 50 ml Limettensirup und 300 ml Mangosaft verrühren. Die Mischung wie im Rezept beschrieben gefrieren, pürieren und servieren.

VARIANTE 2: Heidelbeer-Soja-Eis-Smoothie
(4 Portionen)
Dazu von einem Glas Heidelbeeren (540 g Füllmenge) die Heidelbeeren mit dem Saft pürieren. 375 g Sojajoghurt (natur) unterrühren und mit 1–2 Esslöffeln Agavendicksaft abschmecken. Heidelbeer-Soja-Mischung wie im Rezept beschrieben gefrieren, pürieren und servieren.

20 Minuten
Gefrierzeit: bis zu 5 Stunden
(Eismaschine: 40–50 Minuten)

etwa 4 Portionen

E: 5 g, F: 5 g, Kh: 41 g,
kJ: 1008, kcal: 241, BE: 3,5

MANGO-LASSI-EISDRINK
UND SORBET

1 reife Mango
 (etwa 300 g Fruchtfleisch)
70 g Puderzucker
Saft von 1 Limette
500 g Joghurt (3,5 % Fett)

ZUM GARNIEREN:
1 reife Mango
einige Zitronenmelisseblätter
Trinkhalme

ZUSÄTZLICH:
1 gefriergeeignete Form

1 Das Mangofruchtfleisch vom Stein schneiden. Mango schälen, etwa 300 g Fruchtfleisch abwiegen und in Stücke schneiden.

2 Mangostücke mit Puderzucker und Limettensaft in einem hohen Rührbecher fein pürieren. Joghurt unterrühren. Die Mango-Joghurt-Masse in eine gefrierfeste Form füllen. Die Form zugedeckt in den Gefrierschrank stellen. Mango-Joghurt-Masse 2–5 Stunden gefrieren lassen.

3 Die Mango-Joghurt-Masse alle 30 Minuten mit einem Schneebesen kräftig durchrühren. Nach etwa 2 Stunden kann die Mango-Joghurt-Masse als Eisdrink, nach etwa 4 Stunden als Sorbet und nach etwa 5 Stunden als Eiskugeln portioniert serviert werden.

4 Oder die Mango-Joghurt-Masse in einer vorbereiteten Eismaschine in 40–50 Minuten gefrieren lassen.

5 Zum Garnieren das Mangofruchtfleisch vom Stein schneiden. Mango schälen und in Scheiben schneiden. Zitronenmelisseblätter abspülen und trocken tupfen. Sorbet mit den Mangoscheiben und Zitronenmelisseblättern garniert servieren. Den Eisdrink mit Trinkhalmen servieren.

| 15 Minuten Gefrierzeit: 2–3 Stunden | 12 Stück | E: 1 g, F: 4 g, Kh: 10 g, kJ: 359, kcal: 86, BE: 1,0 |

ORIENTALISCHE EIS-POPS

FÜR DIE EISMASSE:
250 g abgetropfte Mangostücke (aus der Dose)
70 ml Mangosirup (aus der Dose)
1 Pck. Safranfäden (0,1 g)
10 g Traubenzucker
40 g Rosinen
70 g Doppelrahmfrischkäse

ZUM GARNIEREN:
15 g gehackte Pistazienkerne
40 g Zartbitter-Schokolade (mind. 50 % Kakaoanteil)
5 g Kokosfett

ZUSÄTZLICH:
1 gefriergeeignete Silikonform für 12 Kuchen- bzw. Eis-Pops (etwa 360 ml Inhalt)
12 Eisstiele

1_ Die Form für die Eis-Pops in den Gefrierschrank stellen. Für die Eismasse die Mangostücke in einem Sieb abtropfen lassen, dabei den Sirup auffangen und 70 ml abmessen.

2_ Abgemessenen Sirup mit den Safranfäden und dem Traubenzucker in einem Topf verrühren und erwärmen. Den Topf von der Kochstelle nehmen. Den Safransirup zugedeckt etwa 10 Minuten ziehen lassen.

3_ Inzwischen die Rosinen mit heißem Wasser abspülen, in einem Sieb abtropfen lassen und sehr fein hacken. Die Mangostücke mit dem Frischkäse pürieren. Den Safransirup und die gehackten Rosinen unterrühren.

4_ Die Eismasse in die Mulden beider Teile der Silikonform füllen, evtl. auf ein gefriergeeignetes Tablett stellen und für etwa 30 Minuten in den Gefrierschrank stellen. Die Eismasse anfrieren lassen, sobald die Eismasse an der Oberfläche zu gefrieren beginnt, die Formen aus dem Gefrierschrank nehmen.

5_ Die obere Formhälfte (mit den Löchern) vorsichtig auf die untere Form stürzen und andrücken. Die Stiele in die Form stecken und die Form wieder in den Gefrierschrank stellen. Die Eis-Pops mind. 2 Stunden gefrieren lassen.

6_ Zum Garnieren die Pistazienkerne sehr fein hacken. Schokolade hacken und mit dem Kokosfett in einem kleinen Topf im Wasserbad bei schwacher Hitze unter Rühren schmelzen.

7_ Die Pops aus den Formen lösen (siehe kleines Foto). Die Pops einzeln jeweils etwa zu einem Drittel in die Schokolade tauchen und sofort mit gehackten Pistazien bestreuen.

→ **TIPP:**
Die Eis-Pops wie Lutscher in Backpapier einwickeln und bis zum Verzehr einfrieren.

Eis am Stiel

30 Minuten
Gefrierzeit: etwa 8 Stunden

8 kleine Portionen

E: 1 g, F: 1 g, Kh: 12 g,
kJ: 333, kcal: 80, BE: 1,0

STRAWBERRY-MARGARITA-EIS

250 g Erdbeeren
50 ml Tequila
50 g Puderzucker
1 EL Limettensaft

FÜR DIE PASSIONSFRUCHTSAUCE:
2 Passionsfrüchte
150 g Joghurt (1,5 % Fett)

ZUSÄTZLICH:
4 Bögen Backpapier (je etwa 32 x 32 cm)
8 gefriergeeignete Becher oder Gläser
  für die gefüllten Eistüten
8 kleine Eisstiele (Plastikstiele)

1_ Zum Vorbereiten für die Eistüten die Backpapierstücke diagonal halbieren. Die Dreiecke jeweils zu spitz zulaufenden Tüten formen (siehe kleines Foto). Dabei müssen die Spitzen möglichst dicht geschlossen sein. Die Tüten mit einem Tacker fest zusammentackern. Die Spitzen ganz leicht umknicken. Die Tüten aufrecht in die Formen stellen, sodass sie nicht umfallen können.

2_ Erdbeeren putzen, abspülen, gut abtropfen lassen und in einen hohen Rührbecher geben. Tequila, 25 g Puderzucker und Limettensaft hinzugeben. Die Zutaten mit einem Pürierstab fein pürieren und in den Eistüten verteilen.

3_ Die gefüllten Eistüten in den Bechern oder Gläsern in den Gefrierschrank stellen und etwa 8 Stunden gefrieren lassen. Dabei nach etwa 1 Stunde Gefrierzeit kleine Stiele in die Mitte des Pürees stecken.

4_ Für die Sauce Passionsfrüchte halbieren und die Kerne mit dem Saft herauslöffeln. Mit Joghurt und restlichem Puderzucker verrühren. Die Passionsfruchtsauce bis zum Servieren zugedeckt in den Kühlschrank stellen.

5_ Das Eis etwa 10 Minuten vor dem Servieren zum Antauen in den Kühlschrank stellen. Anschließend die Papiertüten entfernen.

6_ Das Eis mit der Passionsfrucht-Sauce servieren, z.B. das Eis in die Passionsfrucht-Sauce dippen.

20 Minuten, ohne Abkühlzeit
Gefrierzeit: 2–3 Stunden

12 Stück
VEGAN

E: 2 g, F: 9 g, Kh: 6 g,
kJ: 458, kcal: 109, BE: 0,5

KOKOS-EIS-POPS

FÜR DIE EISMASSE:
400 ml cremige Kokosmilch
30 g Voll-Rohrzucker
½ TL Agar-Agar
50 g geröstete, gesalzene Cashewkerne
etwa 1 TL Zitronensaft

ZUM GARNIEREN:
20 g geröstete, gesalzene Cashewkerne
30 g rote Konfitüre, z. B. Sauerkirsche

ZUSÄTZLICH:
1 gefriergeeignete Silikonform für
 12 Kuchen- bzw. Eis-Pops
 (etwa 360 ml Inhalt)
12 Eisstiele

1_ Die Form für die Eis-Pops in den Gefrierschrank stellen. Für die Eismasse Kokosmilch mit Zucker und Agar-Agar in einen Topf geben, verrühren und aufkochen lassen. Die Mischung im offenen Topf 2–3 Minuten unter Rühren leicht köcheln lassen. Den Topf von der Kochstelle nehmen. Die Kokosmilchmischung (etwa 350 ml) unter gelegentlichem Rühren abkühlen lassen.

2_ Die Cashewkerne fein hacken und unter die Kokosmilchmischung rühren. Die Mischung mit Zitronensaft abschmecken.

3_ Die Eismasse in die Mulden beider Teile der Silikonform füllen, evtl. auf ein gefriergeeignetes Tablett stellen und für etwa 30 Minuten in den Gefrierschrank stellen. Die Eismasse anfrieren lassen. Sobald die Eismasse an der Oberfläche zu gefrieren beginnt, die Formen aus dem Gefrierschrank nehmen.

4_ Die obere Formhälfte (mit den Löchern) vorsichtig auf die untere Form stürzen und andrücken. Die Stiele in die Form stecken (siehe kleines Foto) und die Form wieder in den Gefrierschrank stellen. Die Eis-Pops mind. 2 Stunden gefrieren lassen.

5_ Zum Garnieren die Cashewkerne fein hacken. Die Konfitüre glatt rühren, stückige Konfitüre evtl. pürieren. Die Pops aus den Formen lösen. Die Konfitüre mit einem Backpinsel, wie einen Ring, mittig auf die Pops streichen. Die Pops mit dem Ring in den Cashewkernen wälzen.

→ TIPPS:
Anstelle der Konfitüre können Sie auch 30 g vegane Zartbitter-Schokolade und 3 g Kokosfett in einem kleinen Topf im Wasserbad bei schwacher Hitze unter Rühren schmelzen. Die Schokolade als Ring auf die Pops streichen. Die Schokoringe dann mit 1 Esslöffel kleiner Zuckerperlen bestreuen.

Eis am Stiel

⏱ Zubereitungszeit: 40 Minuten, ohne Abkühlzeit Gefrierzeit: etwa 4 Stunden	8 Stück	⚖ E: 3 g, F: 16 g, Kh: 19 g, kJ: 976, kcal: 233, BE: 1,5

LAKRITZ-VANILLE-
TÜTEN

FÜR DIE LAKRITZMASSE:

100 ml Wasser
30–40 g Salmiakpastillen
(extra stark)
30 g Zucker
1 Eiweiß (Größe M)
5 g Salmiakpastillen

FÜR DIE VANILLEMASSE:

150 ml Milch (3,5 % Fett)
30 g brauner Zucker

*1 Pck. Dr. Oetker Bourbon-
Vanille-Zucker*
½ TL Agar-Agar
2 Eigelb (Größe M)
*150 g Schlagsahne
(mind. 30 % Fett)*

FÜR DIE GLASUR:

*100 g gehackte Zartbit-
ter-Schokolade (mind.
50 % Kakaoanteil)*
25 g Kokosfett

ZUSÄTZLICH:

*1 gefriergeeignete Schüssel
mit geradem Boden
(Ø etwa 15 cm am Boden)*
*4 Bögen Backpapier
(je etwa 38 x 38 cm)*
8 gefriergeeignete Becher
8 Eisstiele
Backpapier

1_ Wasser in einem kleinen Topf aufkochen. Die Pastillen darin unter Rühren bei schwacher Hitze schmelzen. Zucker unterrühren und auflösen.

2_ Eiweiß steif schlagen. Den heißen Lakritzsirup unter Rühren nach und nach dazugeben. Weiter schlagen, bis die Masse glänzt, etwas abkühlen lassen. Pastillen hacken und unterheben. Die Masse in der Schüssel glatt streichen, zugedeckt etwa 1 Stunde im Gefrierschrank gefrieren lassen.

3_ Inzwischen aus den Backpapierbögen (wie auf Seite 60 beschrieben) Tüten basteln. Diese aufrecht in die Becher stellen, sodass sie nicht umfallen können.

4_ Milch, Zucker, Vanille-Zucker und Agar-Agar in einem Topf verrühren, unter Rühren aufkochen, von der Kochstelle nehmen. Eigelb verschlagen, etwas heiße Vanillemilch unterrühren, dann unter die restliche heiße Vanillemilch rühren. Unter Rühren kurz erhitzen, bis die Masse gleichmäßig bindet. Wichtig: Nicht kochen lassen!

5_ Topf sofort von der Kochstelle nehmen. Die Masse unter ständigem Schlagen abkühlen lassen. Sahne steif schlagen und unterheben.

6_ Das Lakritzeis auf Backpapier stürzen, in 8 gleich große Tortenstücke teilen. Vanillemasse in den Tüten verteilen und mittig je ein Stück Lakritzeis hineinstecken, sodass sich rechts und links davon die Vanillemasse befindet. Je einen Eisstiel an das Lakritzeis stecken. Die Tüten in den Bechern mind. 2 Stunden gefrieren lassen.

7_ Schokolade mit Kokosfett in einem Topf im Wasserbad bei schwacher Hitze unter Rühren schmelzen. Nacheinander jeweils immer 2 Eistüten auswickeln, über dem Topf mit Schokolade überziehen, sodass abtropfende Schokolade aufgefangen wird. Eistüten auf Backpapier gelegt wieder einfrieren.

HINWEIS:

Nur ganz frisches Eigelb verwenden (Legedatum beachten, mind. 23 Tage Resthaltbarkeit).

⏱ 25 Minuten Gefrierzeit: etwa 70 Minuten	8 Stück	E: 1 g, F: 2 g, Kh: 17 g, kJ: 422, kcal: 101, BE: 1,5

BEEREN-POPS

FÜR DIE EISMASSE:
300 g gemischte TK-Beeren
50 g Puderzucker
1–2 EL Agavendicksaft
etwas Zitronensaft

ZUM GARNIEREN:
40 g Löffelbiskuits
30 g weiße Schokolade
5 g Kokosfett

ZUSÄTZLICH:
1 flache, gefriergeeignete Form
Backpapier
je 1 großer und kleiner
Gefrierbeutel
8 Eisstiele

1_ Für die Eismasse die TK-Beeren in einer Schüssel mit Puderzucker mischen und etwa 5 Minuten antauen lassen.

2_ Den Agavendicksaft und die gemischten Beeren im Standmixer oder mit einem Pürierstab fein pürieren. Die Beerenmischung mit Zitronensaft abschmecken.

3_ Mit einem kleinen Eiskugelformer 8 Eiskugeln abstechen. Diese nebeneinander in die Form (mit Backpapier ausgelegt) legen und etwa 10 Minuten im Gefrierschrank anfrieren lassen.

4_ Inzwischen zum Garnieren die Löffelbiskuits in den großen Gefrierbeutel geben. Den Beutel fest verschließen. Die Biskuits mit einer Teigrolle fein zerbröseln und in einen tiefen Teller geben.

5_ Die Eiskugeln zügig in den Bröseln wälzen und die Brösel andrücken. In jede Kugel einen Eisstiel stecken. Die Kugeln wieder in die Form auf das Backpapier legen und etwa 1 Stunde gefrieren lassen.

6_ Dann die Schokolade hacken und mit dem Kokosfett in einem kleinen Topf im Wasserbad bei schwacher Hitze unter Rühren schmelzen. Schokolade in einen kleinen Gefrierbeutel füllen und eine Ecke abschneiden. Die Eis-Pops vor dem Servieren mit der Schokolade besprenkeln.

→ TIPP:
Die Früchte, wie unter Punkt 2 beschrieben pürieren, mit etwas Orangenlikör abschmecken und als Sorbet in Gläser füllen.

Eis am Stiel

15 Minuten, ohne Abkühlzeit
Gefrierzeit: 4–5 Stunden
(Eismaschine: etwa 30 Minuten)

6 Stück

E: 1 g, F: 0 g, Kh: 20 g,
kJ: 362, kcal: 87, BE: 1,5

WALDMEISTERSIRUP-ZITRONEN-EIS

FÜR DIE EISMASSE:
2 Blatt weiße Gelatine
1 Bio-Zitrone (unbehandelt, ungewachst)
170 ml Waldmeister-Sirup
230 ml Wasser

ZUSÄTZLICH:
1 flache, gefriergeeignete Form
3 Bögen Backpapier (je 32 x 32 cm)
6 gefriergeeignete Becher oder Gläser für die gefüllten Eistüten
6 Eisstiele

1_ Für die Eismasse Gelatine in kaltem Wasser nach Packungsanleitung einweichen. Die Zitrone heiß abwaschen, abtrocknen und die Hälfte der Schale dünn abreiben. Die Zitrone halbieren und den Saft auspressen.

2_ Die Gelatine leicht ausdrücken und in einem kleinen Topf bei schwacher Hitze unter Rühren auflösen. Sirup unterrühren.

3_ Gelatine-Sirup-Mischung mit Zitronenschale, 2–3 Esslöffeln Zitronensaft und Wasser verrühren. Den Sirup mit Zitronensaft abschmecken, in die Form füllen und zugedeckt in den Gefrierschrank stellen. Die Sirupflüssigkeit etwa 2 Stunden gefrieren lassen. Dabei die Masse alle 30 Minuten mit einem Schneebesen umrühren. Oder die Masse in einer Eismaschine in etwa 30 Minuten gefrieren lassen.

4_ Für die Eistüten die Backpapierstücke diagonal halbieren. Die Dreiecke mit der langen Seite nach unten legen. Auf die Mitte der langen Seite den linken Zeigefinger legen. Mit der rechten Hand die rechte Spitze greifen und so einrollen, dass sie dem Zeigefinger gegenüber liegt. Dann die Tüte weiter nach links einrollen, sodass die 3 Spitzen aufeinanderliegen. Die Spitzen zweimal fest nach innen falten, evtl. mit einem Tacker fest zusammentackern. Die Tütenspitzen evtl. leicht umknicken, damit nichts heraustropfen kann. Die Tüten aufrecht in die Becher oder Gläser stellen, sodass sie nicht umfallen können.

5_ Die angefrorene Eismasse umrühren und in den Tüten verteilen. Jeweils einen Eisstiel mittig in die Tüten stecken (siehe kleines Foto). Die gefüllten Eistüten in den Bechern oder Gläsern in den Gefrierschrank stellen. Das Eis weitere 2–3 Stunden gefrieren lassen.

Eis am Stiel

30 Minuten, ohne Abkühl- und Kühlzeit
Gefrierzeit: etwa 3 Stunden

8 Stück

E: 6 g, F: 33 g, Kh: 34 g, kJ: 1936, kcal: 463, BE: 3,0

NUSSEIS
AM STIEL

FÜR DIE EISMASSE:
270 ml Milch (3,5 % Fett)
1 gestr. TL Agar-Agar
150 g Schlagsahne
20 g Honig, z. B. Rapshonig
170 g schnittfester Nuss-Nougat
60 g gehackte Haselnusskerne
20 g Zucker
20 g Glukosesirup (z. B. online erhältlich)

FÜR DIE SCHOKOGLASUR:
100 g weiße Schokolade
100 g Zartbitter-Schokolade (mind. 50 % Kakaoanteil)
50 g Kokosfett

ZUSÄTZLICH:
8 Eisförmchen mit Deckel (je etwa 75 ml Inhalt)
8 Eisstiele
1 große gefriergeeignete Dose

1_ Für die Eismasse Milch mit Agar-Agar, Sahne und Honig in einem Topf verrühren und unter Rühren etwa 2 Minuten kochen lassen. Den Topf von der Kochstelle nehmen. Nougat in Stücke schneiden und unter Rühren in der Sahnemasse schmelzen lassen. Die Masse unter gelegentlichem Rühren erkalten lassen.

2_ Inzwischen die gehackten Haselnusskerne in einem flachen Topf unter Rühren hellbraun rösten. Nusskerne auf einen Teller geben.

3_ Zucker in den Topf geben und hellbraun karamellisieren lassen. Nusskerne und Glukosesirup hinzugeben und aufkochen. Die Masse auf ein Backblech (mit Backpapier belegt) geben, verstreichen und erkalten lassen.

4_ Die erkaltete Krokantplatte in Stücke brechen und im Blitzhacker fein hacken. Den gehackten Krokant unter die Eismasse rühren.

5_ Die Masse in den Eisförmchen verteilen. Die Deckel aufsetzen und die Stiele einstecken. Das Eis etwa 3 Stunden gefrieren lassen.

6_ Für die Schokoglasur nacheinander die helle und die dunkle Schokolade hacken und getrennt mit jeweils 25 g Kokosfett in einem kleinen Topf im Wasserbad bei schwacher Hitze unter Rühren schmelzen.

7_ Das Eis einzeln mit den Stielen aus den Formen lösen. Weiße und dunkle Schokolade jeweils mit einem Teelöffel marmorartig auf das Eis träufeln (siehe kleines Foto). Das Eis auf der flachen Seite in die mit Backpapier ausgelegte Dose legen. Bis zum Servieren die Dose mit dem Eis zugedeckt wieder in den Gefrierschrank stellen.

Eis am Stiel

| 40 Minuten
Gefrierzeit: etwa 2½ Stunden | 12 Stück | E: 2 g, F: 1 g, Kh: 15 g,
kJ: 345, kcal: 82, BE: 1,5 |

BUNTE EISTÜTEN

FÜR DIE EISMASSE:
1 Beutel aus 1 Pck. Götterspeise Himbeer-Geschmack
1 Beutel aus 1 Pck. Götterspeise Zitronen-Geschmack
120 g Zucker
500 ml Wasser
250 ml Apfelsaft
300 g Joghurt
250 ml Orangensaft

ZUSÄTZLICH:
12 Spitztüten oder Eisformen (je etwa 130 ml)
12 gefriergeeignete Becher oder Gläser
12 Eisstiele

1_ Die Spitztüten aufrecht in die Becher oder Gläser stellen, sodass sie nicht umfallen können.

2_ Jede Götterspeise mit je 60 g Zucker in einem Topf mischen, dann mit jeweils 250 ml Wasser mit einem Schneebesen verrühren. Die Götterspeise unter Rühren erhitzen, bis alles gelöst ist (nicht kochen lassen). Unter die rote Götterspeise den Apfelsaft und die Hälfte vom Joghurt rühren. Unter die gelbe Götterspeise den Orangensaft und den restlichen Joghurt rühren.

3_ Die Eisformen oder Spitztüten jeweils zur Hälfte mit einer Götterspeise füllen und für etwa 30 Minuten in den Gefrierschrank stellen. In das angefrorene Eis jeweils einen Eisstiel stecken. Auf das angefrorene Eis die zweite Sorte Götterspeise verteilen (siehe kleines Foto) und das Eis weitere etwa 2 Stunden gefrieren lassen.

4_ Zum Servieren die Eistüten aus dem Gefrierschrank nehmen und kurz antauen lassen. Das Eis aus den Formen oder Spitztüten lösen.

→ TIPPS:
Vor dem Servieren die Eistüten z.B. in etwa 50 g Zuckerstreuseln wälzen.
Sie können auch Götterspeise Waldmeister-Geschmack mit 100 g Zucker, 250 ml Wasser, 250 ml Apfelsaft und 150 g Joghurt zubereiten.

Eis am Stiel

| 15 Minuten, ohne Abkühlzeit Gefrierzeit: 4–5 Stunden | 12 kleine Portionen | E: 2 g, F: 0 g, Kh: 7 g, kJ: 150, kcal: 36, BE: 0,5 |

COLA-LYCHEE-EIS

1 Blatt weiße Gelatine
500 ml Cola
100 g abgetropfte Lychees (aus der Dose)
1–2 TL Zitronensaft
1 TL Traubenzucker

ZUSÄTZLICH:
12 Mini-Eisformen (je etwa 35 ml Inhalt)
12 Eisstiele (Holzstiele)

1_ Gelatine in kaltem Wasser nach Packungsanleitung einweichen.

2_ Cola in einem weiten Topf zum Kochen bringen und etwa 10 Minuten bei mittlerer Hitze auf etwa 350 ml Flüssigkeit einkochen lassen. Die Gelatine ausdrücken und in der heißen Flüssigkeit unter Rühren auflösen. Die Cola-Gelatine-Mischung erkalten lassen.

3_ In der Zwischenzeit Lychees auf Küchenpapier legen und trocken tupfen. Lychees sehr fein hacken und mit der entstandenen Flüssigkeit unter die Cola-Gelatine-Mischung rühren. Die Mischung mit Zitronensaft und Traubenzucker abschmecken.

4_ Die Cola-Lychee-Mischung in 12 Mini-Eisformen füllen. Die Eisformen in den Gefrierschrank stellen. Cola-Lychee-Eis etwa 2 Stunden gefrieren lassen. Anschließend in jede Form einen Eisstiel stecken (siehe kleines Foto). Cola-Lychee-Eis weitere 2–3 Stunden gefrieren lassen.

5_ Zum Servieren die Eisformen kurz in heißes Wasser tauchen und das Eis herausziehen.

VARIANTE: Limo-Kiwi-Eis
(12 kleine Portionen)
Dazu die Cola durch Zitronen-Limonade ersetzen. Eingeweichte Gelatine in der heißen Limonade unter Rühren auflösen. Anstelle der Lychees 1–2 reife Kiwis schälen. 100 g Fruchtfleisch abwiegen, sehr fein hacken und unter die eingekochte Limonade rühren. Die Mischung wie beschrieben mit Zitronensaft und Traubenzucker abschmecken und gefrieren lassen.

→ **TIPPS:**

Die Cola-Lychee-Mischung oder die Limo-Kiwi-Mischung können Sie auch in einer vorbereiteten Eismaschine in etwa 45 Minuten gefrieren lassen. Für dieses Eis können Sie auch andere Limonaden oder Fruchtnektare verwenden. Das Einkochen und die Zugabe von Früchten geben zusätzlich Geschmack. Wenn Sie Eis aus Fruchtsäften zubereiten möchten, geben Sie mehr Traubenzucker oder auch Honig hinzu.

Eis am Stiel

40 Minuten, ohne Abkühlzeit
Gefrierzeit: mind. 2 Stunden

etwa 20 Stück

E: 2 g, F: 6 g, Kh: 7 g,
kJ: 387, kcal: 93, BE: 0,5

MARZIPAN-EIS-
PRALINEN

FÜR DIE EISMASSE:
125 g Marzipan-Rohmasse
300 ml Mandeldrink
2–3 TL heller Sirup
   (Brotaufstrich)
1 Msp. gem. Zimt
40 g rote Konfitüre,
   z. B. Kirschkonfitüre

ZUM GARNIEREN:
30 g gehobelte Mandeln
100 g Zartbitter-Schokolade
   (mind. 50 % Kakaoanteil)
20 g Kokosfett

ZUSÄTZLICH:
1–2 Eiswürfelbereiter
   (insgesamt etwa 350 ml
   Inhalt, für etwa
   20 Eiswürfel)
Backpapier

1_ Für die Eismasse Marzipan-Rohmasse in kleine Stücke brechen, mit dem Mandeldrink in einen flachen Topf geben und unter Rühren etwa 1 Minute kochen lassen. Die Masse mit Sirup und Zimt abschmecken und unter gelegentlichem Rühren erkalten lassen.

2_ Die Konfitüre glatt rühren, stückige Konfitüre evtl. pürieren. Die Hälfte der Eismasse in die Eiswürfel-bereiter füllen, jeweils einen Klecks Konfitüre in jedes Fach geben. Restliche Eismasse darauf verteilen. Die Formen mehrmals vorsichtig auf die Arbeitsfläche „stoßen", sodass Luftblasen entweichen können. Die Formen zugedeckt in den Gefrierschrank stellen. Die Eismasse mind. 2 Stunden gefrieren lassen.

3_ Inzwischen die Mandeln in einer Pfanne ohne Fett goldbraun rösten, auf einen Teller geben und erkalten lassen. Für den Guss die Schokolade hacken und mit dem Kokosfett in einem kleinen Topf im Wasserbad bei schwacher Hitze unter Rühren schmelzen.

4_ Zum Garnieren jeweils 4 Pralinen aus einer Form lösen. Eine Praline auf eine Gabel legen, über die Schüssel mit der Schokolade halten und mit der Schokolade überziehen. Dabei die abtropfende Schokolade im Topf wieder auffangen. Die Praline auf Backpapier legen und sofort mit den gehobel-ten Mandeln bestreuen. Restliche Pralinen auf die gleiche Weise überziehen und wieder einfrieren.

→ TIPP:

Statt die Pralinen mit gehobelten Mandeln zu bestreuen können Sie auch 15 g sehr fein gehackte Pistazienkerne nehmen oder die Pralinen jeweils mit einer ganzen Mandel belegen.

Eisdesserts

40 Minuten, ohne Abkühlzeit
Gefrierzeit: etwa 2 Stunden
(Eismaschine: etwa 25 Minuten)

6–8 Stück

E: 4 g , F: 20 g, Kh: 31 g,
kJ: 1351, kcal: 324, BE: 2,5

KÜRBIS-ORANGEN-MUFFINS

FÜR DIE EISMASSE:
400 g Hokkaido-Kürbis
2 Bio-Orangen (unbehandelt,
　ungewachst)
20 g Zucker
70 g heller Sirup
　(Brotaufstrich)
½ TL gem. Zimt
1–2 TL gem. Ingwer
1–2 EL Zitronensaft

½ Pck. Dr. Oetker Bourbon-
　Vanille-Zucker
2 Pck. Sahnesteif
300 g Crème fraîche

FÜR DIE SCHOKOSAUCE:
250 ml Milch (3,5 % Fett)
2 TL Speisestärke
100 g weiße Schokolade
1 Msp. gem. Kardamom

ZUM BESTREUEN:
15 g geschälte Sesamsamen

ZUSÄTZLICH:
6–8 gefriergeeignete
　Muffinförmchen
　(je etwa 75 ml Inhalt)
1 Spritzbeutel mit Sterntülle
　(Ø etwa 12 mm)

1_ Für die Eismasse den Kürbis abspülen, abtrocknen, entkernen und das Kürbisfruchtfleisch (etwa 300 g) in kleine Stücke schneiden. Eine Orange heiß abwaschen, abtrocknen und die Hälfte der Schale fein abreiben. Die Orangen halbieren und auspressen. 100 ml vom Saft abmessen.

2_ Abgemessenen Orangensaft und -schale, Zucker, Sirup, Gewürze und Kürbisstücke aufkochen, bei schwacher Hitze zugedeckt etwa 15 Minuten köcheln lassen, dabei gelegentlich umrühren.

3_ Die Masse pürieren, erkalten lassen, dann mit Zitronen- und evtl. restlichem Orangensaft abschmecken.

4_ Vanille-Zucker mit Sahnesteif mischen. Crème fraîche in einen Rührbecher geben und mit einem Mixer (Rührstäbe) aufschlagen, dabei die Zuckermischung einrieseln lassen. Die Creme unter die Kürbismasse heben, in den Spritzbeutel mit Sterntülle füllen und gleichmäßig in die Mulden der Muffinförmchen spritzen. Muffins im Gefrierschrank etwa 2 Stunden gefrieren lassen.

5_ Für die Schokosauce 50 ml von der Milch mit der Stärke verrühren. Restliche Milch in einem kleinen Topf aufkochen. Angerührte Stärke unterrühren und 1–2 Minuten bei schwacher Hitze köcheln lassen. Topf von der Kochstelle nehmen.

6_ Die Sauce etwa 5 Minuten abkühlen lassen. Inzwischen die Schokolade hacken und dann in der Sauce unter Rühren schmelzen. Sauce mit Kardamom würzen, unter gelegentlichem Rühren erkalten lassen.

7_ Sesamsamen in einer Pfanne ohne Fett goldbraun rösten und auf einem Teller erkalten lassen.

8_ Die Muffins evtl. etwas antauen lassen, aus den Förmchen lösen, mit Sesam bestreuen und mit der Sauce servieren.

→ TIPPS:
Die Eismasse zusätzlich mit 1 Messerspitze Cayennepfeffer würzen und die Sauce mit Zartbitterschokolade statt weißer Schokolade zubereiten.

Eisdesserts

| 1 Stunde | 10–12 Portionen | E: 4 g, F: 26 g, Kh:29 g, |
| Gefrierzeit: etwa 5 Stunden | | kJ: 1636, kcal: 390, BE: 2,5 |

CASSATA

75 g Rosinen
3 EL Rum
30 g Cocktailkirschen
4 EL Maraschino (Kirschlikör)
50 g Haselnuss–Krokant
3 Tropfen Bittermandel–Aroma
3 EL Amaretto (ital. Mandellikör)
6 Eigelb (Größe M)
750 g Schlagsahne (mind. 30% Fett)
150 g Zucker
2 EL Zitronensaft
1 Msp. gem. Zimt

NACH BELIEBEN:
1 geviertelte frische Feige
einige vorbereitete Zitronenmelisseblättchen

ZUSÄTZLICH:
1 Rehrücken– oder Kastenform
    (etwa 30 x 11 cm)
etwas Speiseöl

1_ Rosinen in Rum einweichen. Cocktailkirschen in kleine Würfel schneiden und in Maraschino einweichen. Krokant mit Bittermandel-Aroma und Amaretto mischen.

2_ In der Zwischenzeit Eigelb, 4 Esslöffel von der Sahne, Zucker und Zitronensaft in eine Edelstahlschüssel geben und im heißen Wasserbad zu einer dicklichen Masse aufschlagen. Achtung: Wasser und Eigelbmasse dürfen nicht kochen, da die Masse sonst gerinnt!

3_ Die Edelstahlschüssel aus dem Wasserbad nehmen und die Masse kalt schlagen. Restliche Sahne steif schlagen und unterheben.

4_ Die Creme dritteln. Unter einen Teil die eingeweichten Rosinen und den Zimt heben.

5_ Die Form dünn mit Speiseöl ausstreichen. Die Rosinencreme hineinfüllen, sodass auch die Wände der Form bedeckt sind, im Gefrierfach etwas anfrieren lassen (etwa 1 Stunde). Restliche Creme zugedeckt in den Kühlschrank stellen.

6_ Unter den zweiten Teil der Creme den Krokant geben und auf dem Rosineneis verteilen.

7_ Unter die restliche Creme die eingeweichten Kirschen geben und in die Form füllen. Die Form zugedeckt in das Gefrierfach stellen und die Creme in etwa 4 Stunden fest werden lassen.

8_ Zum Servieren Cassata aus der Form stürzen und in Stücke schneiden. Cassata-Stücke nach Belieben mit Feigenvierteln und Zitronenmelisseblättchen garnieren.

⏱ 25 Minuten, ohne Abkühlzeit Gefrierzeit: mind. 3 Stunden	12–14 Stück	⚖ E: 1 g, F: 11 g, Kh: 8 g, kJ: 549, kcal: 132, BE: 0,5

KLEINE EISBÄREN

FÜR DIE EISMASSE:

300 g Crème fraîche
½ TL Agar Agar
30 g milder Honig, z. B. Rapshonig
1 Pck. Dr. Oetker Bourbon-Vanille-Zucker
50 g Baiser (z. B. weiße Baisertropfen)
100 g Schlagsahne (mind. 30 % Fett)

30 g Zartbitter-Schokolade
  (mind. 50 % Kakaoanteil)
5 g Kokosfett

ZUSÄTZLICH:

1 Gefrierbeutel
1 flache, gefriergeeignete Form
  (etwa 28 x 18 cm)
Backpapier
1 Eisbär-Ausstecher (etwa 8 cm lang)

1_ Für die Eismasse 150 g Crème fraîche mit Agar-Agar, Honig und Vanille-Zucker in einem kleinen Topf verrühren und unter Rühren etwa 2 Minuten bei schwacher Hitze kochen lassen. Den Topf von der Kochstelle nehmen.

2_ Restliche Crème fraîche unter die Honigmasse rühren und die Masse unter gelegentlichem Rühren erkalten lassen.

3_ Inzwischen Baiser in den Gefrierbeutel geben. Den Beutel verschließen und das Baiser fein zerbröseln. Sahne steif schlagen. Sahne und die Hälfte der Baiserbrösel unter die Eismasse rühren. Die Masse in die Form (mit Backpapier ausgelegt) füllen und glatt streichen (die Eismasse soll 1–1½ cm hoch in der Form stehen). Restliche Baiserbrösel auf die Eismasse streuen. Die Masse zugedeckt mind. 3 Stunden gefrieren lassen.

4_ Das Eis mit dem Backpapier aus der Form auf ein Schneidbrett legen. Einen tiefen Teller mit heißem Wasser füllen. Den Ausstecher kurz in das heiße Wasser tauchen und aus der Eisplatte Eisbären ausstechen.

5_ Die Eisbären auf eine gefriergeeignete Platte legen und zugedeckt wieder einfrieren. Die Eisreste auf dem Backpapier z.B. mit einer Teigkarte zusammenschieben, evtl. etwas zusammendrücken und wieder in die Form geben, nochmals gefrieren lassen und weitere Eisbären ausstechen.

6_ Vor dem Servieren die Schokolade hacken und mit dem Kokosfett in einem kleinen Topf im Wasserbad bei schwacher Hitze unter Rühren schmelzen. Die Schokolade in einen kleinen Gefrierbeutel füllen, den Beutel verschließen und eine kleine Ecke abschneiden. Die Eisbären mit der Schokolade garnieren.

| 30 Minuten, ohne Abkühlzeit Gefrierzeit: etwa 4 Stunden | 8 Portionen | E: 7 g, F: 21 g, Kh: 44 g, kJ: 1657, kcal: 396, BE: 3,5 |

PFLAUMEN-PARFAIT
IN DER WAFFEL

FÜR DIE PARFAITMASSE:

3 Blatt weiße Gelatine
4 Eier (Größe M)
250 g Buttermilch
90 g Zucker
400 g Pflaumen

70 g Zucker
¼ TL gem. Zimt
1 Pck. Dr. Oetker Bourbon–Vanille–Zucker
3 EL Pflaumenmus
400 g Schlagsahne (mind. 30 % Fett)

etwa 16 ovale belgische Waffelblätter

ZUSÄTZLICH:

1 flache, gefriergeeignete Dose mit Deckel

1_ Für die Parfaitmasse Gelatine in kaltem Wasser nach Packungsanleitung einweichen. Eier mit Buttermilch und Zucker in einem Topf unter ständigem Rühren mit einem Schneebesen bei mittlerer Hitze zu einer dicklich-cremigen Masse aufschlagen. Achtung: Die Masse darf dabei nicht kochen, sie gerinnt sonst!

2_ Den Topf von der Kochstelle nehmen und sofort in eiskaltes Wasser stellen. Eingeweichte Gelatine ausdrücken und in der Eier-Buttermilch-Masse unter Rühren auflösen. Die Masse unter Rühren erkalten lassen.

3_ Pflaumen abspülen und abtrocknen. Etwa 4 Pflaumen zum Garnieren beiseitelegen. Die restlichen Pflaumen halbieren, entsteinen und in kleine Stücke schneiden. Pflaumenstücke mit Zucker, Zimt und Vanille-Zucker pürieren. Pflaumenmus unterrühren.

4_ Sahne sehr steif schlagen. Nacheinander die Pflaumenmasse und Sahne unter die Eier-Buttermilch-Masse rühren. Die Masse etwa 2 cm hoch in die Dose füllen. Die Dose mit dem Deckel verschließen und in den Gefrierschrank stellen. Das Parfait etwa 4 Stunden gefrieren lassen.

5_ Zum Servieren die Dose kurz in heißes Wasser halten und den Deckel entfernen. Das Eis auf eine Platte stürzen. 8 Eisscheiben in Größe der Waffelblätter ausschneiden. Die Eisscheiben jeweils zwischen 2 Waffelblätter legen.

6_ Beiseitegelegte Pflaumen halbieren, entsteinen und in Spalten schneiden. Das Pflaumen-Parfait in der Waffel mit den Pflaumenspalten garnieren und servieren.

HINWEIS:

Nur ganz frische Eier verwenden (Legedatum beachten, mind. 23 Tage Resthaltbarkeit).

⏱ 15 Minuten	4 Portionen	⚖ E: 2 g, F: 12 g, Kh: 24 g,
Gefrierzeit: etwa 4 Stunden		kJ: 883, kcal: 210, BE: 2,0

MANGO-PFIRSICH-
EISTÖRTCHEN

FÜR DIE EISMASSE:

150 g Schlagsahne (mind. 30 % Fett)
1 Pck. Sahnesteif
1 Pck. Dr. Oetker Vanillin-Zucker
1 EL Zitronensaft
150 ml Mango-Pfirsich-Fruchtpüree
evtl. 1 EL Zucker

ZUM GARNIEREN:

250 ml Mango-Pfirsich-Fruchtpüree
6 Physalis
einige Minz- oder Zitronenmelisseblätter

ZUSÄTZLICH:

1 Silikonform
(4 Törtchen, je etwa 125 ml Inhalt)

1_ Für die Eismasse Sahne mit Sahnesteif und Vanillin-Zucker steif schlagen. Zitronensaft mit Fruchtpüree verrühren und unter die Sahne rühren. Das Ganze evtl. mit Zucker abschmecken.

2_ Die Eismasse in die mit kaltem Wasser ausgespülten Mulden der Törtchenform füllen. Die Form mehrmals vorsichtig auf die Arbeitsfläche „stoßen", sodass Luftblasen entweichen können.

3_ Die Form zugedeckt in den Gefrierschrank stellen. Die Eismasse etwa 4 Stunden gefrieren lassen.

4_ Zum Servieren die Silikonform aus dem Gefrierschrank nehmen und auf die Arbeitsfläche stürzen. Ein heißes Tuch (Geschirrtuch) kurz auf die Oberfläche der Form legen. Die Eistörtchen evtl. zusätzlich am Förmchenrand vorsichtig mit einem Messer lösen und z.B. auf 4 kalte Teller stürzen.

5_ Etwas Mango-Pfirsich-Fruchtpüree um die Eistörtchen gießen. Physalis aus den Hüllen lösen. Die Törtchen mit Physalis, Minz- oder Zitronenmelisseblättern garniert servieren.

→ TIPP:

Für selbst gemachtes Fruchtpüree von 1 großen Mango das Fruchtfleisch vom Stein schneiden. Das Fruchtfleisch schälen und klein schneiden. 2 reife Pfirsiche kreuzweise einschneiden und kurz mit heißem Wasser übergießen. Die Haut der Pfirsiche abziehen. Pfirsiche entsteinen und das Fruchtfleisch klein schneiden. Mango- und Pfirsichfruchtfleisch mit etwas Zitronensaft und evtl. etwas Puderzucker pürieren.

Eisdesserts

20 Minuten
Gefrierzeit: etwa 5 Stunden
(Eismaschine: etwa 40 Minuten)

8–10 Portionen

E: 4 g, F: 20 g, Kh: 37 g,
kJ: 1458, kcal: 348, BE: 3,0

ERDBEER-BAISER-
EISTÖRTCHEN

FÜR DAS ERDBEEREIS:

250 g Erdbeeren
75 g Puderzucker
1 Pck. Dr. Oetker
    Vanillin-Zucker
1 TL Dr. Oetker Finesse
    Geriebene Zitronenschale
250 g Mascarpone
    (ital. Frischkäse)

FÜR DIE FÜLLUNG:

250 g Erdbeeren
8–10 Baisertörtchen
    (Baiserschalen)
200 g Schlagsahne
    (mind. 30% Fett)
1 Pck. Dr. Oetker
    Vanillin-Zucker
1 Pck. Sahnesteif

ZUM BESTREUEN:

etwa 25 g gehackte
    Pistazienkerne
einige Pfefferminzblätter

ZUSÄTZLICH:

1 flache, gefriergeeignete Form
1 Spritzbeutel mit Sterntülle

1_ Für das Erdbeereis Erdbeeren abspülen, gut abtropfen lassen, entstielen und pürieren. Das Erdbeerpüree mit Puderzucker, Vanillin-Zucker und Zitronenschale verrühren.

2_ Mascarpone zuerst mit der Hälfte des Fruchtpürees mit einem Mixer (Rührstäbe) verrühren, dann das restliche Erdbeerpüree unterrühren. Die Mascarpone-Fruchtmasse in die Form füllen, zugedeckt in den Gefrierschrank stellen und etwa 5 Stunden gefrieren lassen. Zwischendurch die Masse umrühren oder die Mascarpone-Fruchtmasse in einer vorbereiteten Eismaschine etwa 40 Minuten gefrieren.

3_ Für die Füllung die Erdbeeren abspülen, gut abtropfen lassen, entstielen, halbieren oder große Erdbeeren vierteln.

4_ Die Baisertörtchen kalt stellen. Die Sahne mit Vanillin-Zucker und Sahnesteif steif schlagen. Die Sahne in den Spritzbeutel mit Sterntülle füllen und in den Kühlschrank legen.

5_ Die Törtchen mit den vorbereiteten Erdbeeren belegen. Das Eis mit einem Eisportionierer zu kleinen Halbkugeln (Ø etwa 4½ cm) formen. Jeweils 1 Eishalbkugel auf die Erdbeeren legen. An das Erdbeereis je 1 Sahnetuff spritzen.

6_ Die Eistörtchen mit Pistazienkernen bestreuen und mit abgespülten, trocken getupften Minzblättern garnieren. Törtchen sofort servieren.

→ TIPPS:

Anstelle von Erdbeeren können auch Himbeeren verwendet werden.
Den Boden der Baisertörtchen mit etwa 40 g geschmolzener Edelbitter-Schokolade bestreichen und fest werden lassen.

⏱ 35 Minuten, ohne Abkühlzeit
Gefrierzeit: etwa 4 Stunden

8 Stücke

E: 7 g, F: 24 g, Kh: 20 g,
kJ: 1376, kcal: 329, BE: 1,5

FROZEN
CHEESECAKE

FÜR DEN TORTENBODEN:
60 g Löffelbiskuits
1 Bio-Limette (unbehandelt, ungewachst)
40 g Butter (zimmerwarm)

FÜR DIE CHEESECAKE-MASSE:
100 g entsteinte, getrocknete Datteln
½ TL Agar-Agar
30 ml Wasser
400 g Doppelrahmfrischkäse

FÜR DEN GUSS:
60 g weiße gehackte Schokolade
10 g Kokosfett
1 Bio-Limette (unbehandelt, ungewachst)

ZUSÄTZLICH:
1 großer Gefrierbeutel
1 Springform (Ø 18 cm)
Backpapier

1_ Für den Tortenboden die Löffelbiskuits in den Gefrierbeutel geben. Den Beutel fest verschließen und die Biskuits mit einer Teigrolle fein zerbröseln. Die Limette heiß abwaschen, abtrocknen und die Hälfte der Schale fein reiben. Die Limette für die Käsemasse beiseitelegen.

2_ Butter und Limettenschale mit den Biskuitbröseln in einer Schüssel verkneten. Die Masse in die Springform (Boden mit Backpapier belegt) geben und mit einem Löffel zu einem Boden andrücken. Die Form in den Kühlschrank stellen.

3_ Für die Cheesecake-Masse die restliche Schale der beiseitegelegten Limette fein abreiben. Die Limette halbieren und auspressen.

4_ Die Datteln in dünne Scheiben schneiden. Dattelscheiben mit Limettenschale, 2 Esslöffeln vom Limettensaft, Agar-Agar und Wasser in einem kleinen Topf verrühren, aufkochen und zugedeckt etwa 15 Minuten bei schwacher Hitze dünsten. Die Masse in einen hohen Rührbecher geben und pürieren, etwas abkühlen lassen.

5_ Frischkäse glatt rühren, die warme Sirupmasse nach und nach unterrühren. Die Masse mit restlichem Limettensaft abschmecken, in die Form auf den Tortenboden geben und glatt streichen. Die Form zugedeckt in den Gefrierschrank stellen. Die Masse etwa 4 Stunden gefrieren lassen.

6_ Für den Guss Schokolade mit Kokosfett in einem kleinen Topf im Wasserbad bei schwacher Hitze unter Rühren schmelzen. Limette heiß abwaschen, abtrocknen, die Schale sehr dünn schälen, in feine Streifen schneiden.

7_ Die Torte aus der Springform lösen und auf eine Tortenplatte legen. Die Torte mit dem Guss überziehen und sofort mit Limettenschale bestreuen. Die Torte wieder in den Gefrierschrank stellen oder etwas antauen lassen und servieren.

→ TIPPS:
Cheesecake mit Limettenecken garniert servieren.
Vor dem Servieren den Cheesecake etwa 45 Minuten zugedeckt im Kühlschrank antauen lassen.

30 Minuten
Gefrierzeit: mind. 4 Stunden

8 Portionen

E: 5 g, F: 27 g, Kh: 26 g,
kJ: 1580, kcal: 377, BE: 2,0

SEMIFREDDO DI MARSALA
(HALBGEFRORENES MIT MARSALA)

FÜR DIE EISMASSE:
500 g Schlagsahne (mind. 30 % Fett)
1 Vanilleschote
8 Eigelb (Größe M)
75 ml Marsala-Wein
1 Prise Salz
100 g Zucker
100 ml Wasser

100 g Amarettini (ital. Mandelgebäck)
50 ml Marsala-Wein

ZUSÄTZLICH:
1 Kasten- oder Terrinenform
    (etwa 1,2 l Inhalt)
Frischhaltefolie

1_ Für die Eismasse Sahne steif schlagen und zugedeckt in den Kühlschrank stellen. Vanilleschote längs aufschneiden und das Mark herauskratzen. Eigelb, Marsala, Vanillemark und Salz in eine Rührschüssel geben, mit einem Mixer (Rührstäbe) schaumig schlagen.

2_ Zucker und Wasser zum Kochen bringen, bis der Zucker gelöst ist. Vorsichtig nach und nach den kochenden Zuckersirup mit dem Mixer (Rührstäbe) auf niedrigster Stufe unter die Eigelbmasse rühren.

3_ Die Masse mit dem Mixer (Rührstäbe) auf höchster Stufe kalt schlagen. Steif geschlagene Sahne mit einem Schneebesen unterheben.

4_ Die Amarettini mit Marsala tränken. Die Hälfte der Sahnecreme in die Form (mit Frischhaltefolie ausgelegt) geben. Amarettini darauf verteilen. Restliche Sahnecreme darauf verstreichen.

5_ Die Form zugedeckt in den Gefrierschrank stellen und das Eis mind. 4 Stunden gefrieren lassen.

6_ Semifreddo aus der Form stürzen und die Folie entfernen. Semifreddo in 8 dicke Scheiben schneiden und anrichten.

→ TIPP:
Das Eis mit Zitrusfilets, Amarettini und gehackten Pistazienkernen garniert servieren.

HINWEIS:
Nur ganz frisches Eigelb verwenden (Legedatum beachten, mind. 23 Tage Resthaltbarkeit).

| 20 Minuten, ohne Abkühlzeit Gefrierzeit: etwa 2 Stunden | 15 Stück | E: 1 g, F: 4 g, Kh: 4 g, kJ: 227, kcal: 54, BE: 0,5 |

KIRSCHWASSER-
EISROSEN

FÜR DIE EISMASSE:
50 g weiße Schokolade
1 Eigelb (Größe M)
50 ml Milch (1,5 % Fett)
etwas rote Speisefarbe
100 g Schlagsahne (mind. 30 % Fett)
2–3 TL Kirschwasser

1–2 Baisers (etwa 25 g, Fertigprodukt)

ZUSÄTZLICH:
1 gefriergeeignete Silikonform
    (15 Mini-Rosen, je 20 ml Inhalt)

1_ Für die Eismasse Schokolade klein hacken, mit Eigelb und Milch in einem Topf mit einem Schneebesen bei schwacher Hitze zu einer glatten, etwas schaumigen Masse verrühren. Achtung: Die Masse darf dabei nicht kochen, da das Eigelb sonst gerinnt!

2_ Den Topf von der Kochstelle nehmen und in ein kaltes Wasserbad stellen. Die Schokoladenmasse unter Rühren abkühlen lassen. Etwas Speisefarbe unterrühren.

3_ Sahne steif schlagen und unterheben. Die Masse mit Kirschwasser abschmecken und in die Mulden der Silikonform füllen. Die Form mehrmals vorsichtig auf die Arbeitsfläche „stoßen", sodass Luftblasen entweichen können. Die Form zugedeckt in den Gefrierschrank stellen. Die Eismasse mind. 2 Stunden gefrieren lassen.

4_ Baiser in einen Gefrierbeutel geben. Den Beutel verschließen. Baiser mit den Händen zerbröseln.

5_ Die Silikonform aus dem Gefrierschrank nehmen und auf die Arbeitsfläche stürzen. Ein heißes Tuch (Geschirrtuch) kurz auf die Form legen. Die Kirschwasser-Eisrosen aus der Form lösen, auf den Baiserbröseln anrichten und sofort servieren.

→ TIPPS:
Für bunte Kirschwasser-Eisrosen die Eismasse zunächst ohne Speisefarbe zubereiten. Die Eismasse teilen, beliebig einfärben und gefrieren lassen.
Für eine Variante ohne Alkohol können Sie das Kirschwasser z.B. durch einige Tropfen Rosenwasser oder Orangenblütenwasser ersetzen.

HINWEIS:
Nur ganz frisches Eigelb verwenden (Legedatum beachten, mind. 23 Tage Resthaltbarkeit).

| 30 Minuten, ohne Abkühlzeit Backzeit: etwa 15 Minuten Gefrierzeit: mind. 3–4 Stunden | 14–16 Stücke | E: 3 g, F: 8 g, Kh: 38 g, kJ: 1039, kcal: 248, BE: 3,0 |

EISROULADE

FÜR DEN BISKUITTEIG:
3 Eier (Größe M)
1 Eigelb (Größe M)
150 g Zucker
1 Pck. Dr. Oetker Vanillin-Zucker
75 g Weizenmehl
1 Pck. Dr. Oetker Pudding-Pulver Schokolade

FÜR DIE FÜLLUNG:
250 g Schlagsahne (mind. 30 % Fett)
1 Pck. Dr. Oetker Vanillin-Zucker
1 Pck. Sahnesteif
1 Eiweiß (Größe M)
2 EL Kirschwasser
150 g Sauerkirschkonfitüre

FÜR DIE BEILAGE:
500 g Kirschgrütze (aus dem Kühlregal)
etwa 150 ml Eierlikör
evtl. einige vorbereitete Minzblättchen

ZUSÄTZLICH:
1 Backblech
1 verstellbarer Backrahmen
Backpapier

1_ Den Backofen vorheizen.
Ober-/Unterhitze: etwa 200 °C
Heißluft: etwa 180 °C

2_ Für den Teig Eier und Eigelb in einer Rührschüssel mit einem Mixer (Rührstäbe) auf höchster Stufe in etwa 1 Minute schaumig schlagen. Zucker mit Vanillin-Zucker mischen, in etwa 1 Minute unter Rühren einstreuen, dann noch etwa 2 Minuten weiterschlagen.

3_ Mehl mit Pudding-Pulver mischen und kurz auf niedrigster Stufe unterrühren. Den Backrahmen in der Größe von etwa 30 x 30 cm auf das Backblech (gefettet, mit Backpapier belegt) stellen. Den Teig in den Backrahmen geben und glatt streichen. Das Backblech in den vorgeheizten Backofen schieben. Die Biskuitplatte **etwa 15 Minuten backen.**

4_ Den Backrahmen lösen und entfernen. Die Biskuitplatte auf mit Zucker bestreutes Backpapier stürzen. Biskuitplatte erkalten lassen. Mitgebackenes Backpapier entfernen.

5_ Für die Füllung Sahne mit Vanillin-Zucker und Sahnesteif steif schlagen. Eiweiß ebenfalls steif schlagen, mit Kirschwasser unter die Sahne heben. Sahnemasse auf der Biskuitplatte verteilen. Die Konfitüre mit einem Teelöffel in Klecksen daraufgeben und etwas verstreichen.

6_ Die Biskuitplatte mithilfe vom Backpapier aufrollen. Die Biskuitrolle in das Backpapier einwickeln, an beiden Enden wie ein Bonbon zusammendrehen. Die Rolle mit dem Backpapier in den Gefrierschrank legen, mind. 3–4 Stunden gefrieren lassen.

7_ Zum Servieren das Backpapier entfernen. Die Eisroulade kurz antauen lassen, in Scheiben schneiden, mit Kirschgrütze und Eierlikör servieren. Die Stücke nach Belieben mit Minzblättchen garnieren.

HINWEIS:
Nur ganz frische Eier verwenden (Legedatum beachten, mind. 23 Tage Resthaltbarkeit).

30 Minuten, ohne Abkühlzeit
Gefrierzeit: etwa 6 Stunden

10 Portionen

E: 6 g, F: 20 g, Kh: 38 g,
kJ: 1552, kcal: 370, BE: 3,5

WEIHNACHTLICHES STOLLENEIS

FÜR DIE EISMASSE:
4 Eier (Größe M)
120 g Zucker
3 Pck. Dr. Oetker Vanillin-Zucker
50 g Belegkirschen
je 30 g Zitronat und Orangeat

80 g Sultaninen
40 ml Weinbrand
1 TL Lebkuchengewürz
500 g Schlagsahne (mind. 30 % Fett)

150 g runde Lebkuchen

ZUSÄTZLICH:
1 gefriergeeignete Stollenbackform (etwa 30 cm lang) oder Kastenform
Frischhaltefolie

1_ Für die Eismasse Eier mit Zucker und Vanillin-Zucker in einem Topf unter ständigem Rühren mit einem Schneebesen bei mittlerer Hitze zu einer dicklich-cremigen Masse aufschlagen. Achtung: Die Masse darf dabei nicht kochen, da die Eier sonst gerinnen!

2_ Den Topf von der Kochstelle nehmen und sofort in eiskaltes Wasser stellen. Die Masse unter Rühren erkalten lassen.

3_ Belegkirschen in ganz kleine Stücke schneiden. Zitronat und Orangeat evtl. etwas kleiner schneiden. Belegkirschen, Zitronat und Orangeat mit Sultaninen und Weinbrand unter die Eiermasse rühren. Lebkuchengewürz unterrühren.

4_ Sahne steif schlagen und unterheben. Die Form mit Frischhaltefolie auslegen (siehe kleines Foto links). Die Eismasse hineingeben und mit Lebkuchen belegen (siehe kleines Foto rechts). Die Form zugedeckt in den Gefrierschrank stellen. Die Eismasse etwa 6 Stunden gefrieren lassen.

5_ Zum Servieren das Eis aus der Form stürzen und die Frischhaltefolie entfernen. Das Eis mit einem elektrischen Messer oder einem Sägemesser in Scheiben schneiden.

→ **TIPP:**
Das weihnachtliche Stolleneis mit Sahnetupfen und Schokoladenlocken garnieren.

HINWEIS:
Nur ganz frische Eier verwenden (Legedatum beachten, mind. 23 Tage Resthaltbarkeit).

Eisdesserts

SAUCEN & TOPPINGS

Natürlich schmeckt Ihr selbst gemachtes Eis bereits pur unvergleichlich gut.
Aber voll im Trend liegen Sie, wenn Sie es zusätzlich mit Saucen oder Toppings vollenden. Mit diesen Saucenrezepten und Topping-Tipps gelingt Ihnen das perfekt.

SAUCEN (für je 4 Portionen)

Erdbeersauce

Dafür 300 g Erdbeeren abspülen, abtropfen lassen, entstielen und in Stücke schneiden. Die Erdbeerstücke mit 1 Esslöffel Puderzucker und einigen Spritzern Zitronensaft in einen Rührbecher geben und pürieren. Je nach Süße der Erdbeeren die Sauce mit Puderzucker und Zitronensaft abschmecken.

Passt z. B. zu: Sahneeis, Frozen Yogurt oder Buttermilch-Crème-fraîche-Eis.

Mangosauce

Für diese Sauce das Fruchtfleisch 1 reifen Mango (etwa 500 g) vom Stein schneiden, schälen und in kleine Stücke schneiden. Die Mangostücke pürieren und mit 1–2 Teelöffeln Limettensaft abschmecken.

Passt z. B. zu: Frozen Yogurt, Vanilleeis, Mango-Pfirsich-Eistörtchen oder Mangosorbet.

Heiße Schokoladensauce

Dazu 2 Teelöffel Speisestärke mit 4 Esslöffeln Milch (von insgesamt 250 ml Milch) verrühren. Restliche Milch mit 1 Päckchen Dr. Oetker Vanillin-Zucker und 1 Esslöffel Kakaopulver in einem Topf verrühren und aufkochen.

Den Topf von der Kochstelle nehmen, angerührte Milch dazugießen und unter Rühren etwa 1 Minute kochen lassen. Den Topf wieder von der Kochstelle nehmen. Die Sauce etwa 5 Minuten stehen lassen. 120 g Zartbitter-Schokolade in Stücke brechen und unter Rühren in der Sauce schmelzen. Sauce mit 1–2 Esslöffeln braunem Zucker und 1 Prise Salz abschmecken und heiß zum Eis servieren.

Tipp: Soll die Sauce kalt verzehrt werden, die Speisestärke weglassen.

Passt heiß z. B. zu: Vanilleeis, weißem Schokoladeneis oder Sahneeis.
Passt kalt z. B. zu: Kürbis-Orangen-Muffins oder Semifreddo di Marsala.

TOPPINGS: Diese passen je nach persönlicher Vorliebe zu allen Eissorten.

Knuspriges

Für mehr Knuspergenuss das Eis z. B. mit Zuckerstreuseln, Zuckerdekor, Schokostreuseln, Haselnuss-Krokant, gehackten und gerösteten Nusskernen oder zerbröselten Waffelröllchen bzw. Amarettini bestreuen.

Schokoladiges

Für zusätzlichen Gaumenkitzel sorgen z. B. gehackte Schokoladenstücke, Raspelschokolade oder Schokoröllchen auf dem Eis.

Und zum Schluss: Servieren Sie Ihr Eis nicht einfach nur in Schälchen oder Gläsern. Waffeltüten sind eine optimale Alternative. Besonders hübsch sieht es aus, wenn sie in geschmolzene Schokolade und anschließend in Zuckerstreusel oder Krokant getaucht werden.

ALLGEMEINE HINWEISE
ZU DEN REZEPTEN

Lesen Sie bitte vor der Zubereitung – besser noch vor dem Einkauf – das Rezept einmal vollständig durch. Oft werden Arbeitsabläufe oder -zusammenhänge dann klarer. Die Nährwerte beziehen sich jeweils auf 1 Portion oder 1 Stück.

Zutatenliste und Arbeitsschritte

Die Zutaten sind in der Reihenfolge ihrer Verarbeitung aufgeführt. Die Arbeitsschritte sind einzeln hervorgehoben, in der Reihenfolge, in der sie von uns ausprobiert wurden.

Zubereitungs- und Gefrierzeiten

Die Zubereitungszeit ist ein Anhaltswert für die Dauer der Vorbereitung und die eigentliche Zubereitung. Längere Wartezeiten wie Kühl- oder Abkühlzeiten, Auftau- und Durchziehzeiten sind, sofern parallel keine weitere Tätigkeit erfolgt, nicht in der Zubereitungszeit enthalten. Die Gefrierzeiten sind Richtwerte und werden extra ausgewiesen.

Hinweise zur Eiszubereitung

Verarbeiten Sie nur frische Zutaten und reifes Obst. Achten Sie auf eine hygienische Verarbeitung der Zutaten.
Eis, Granitas, Sorbets usw. müssen bei mindestens minus 18 °C in einem Gefrierschrank (Tiefkühlgerät) tiefgefroren werden.

Selbst gemachtes Eis lässt sich gut vorbereiten, schmeckt frisch zubereitet bzw. 2–3 Tage tiefgefroren am besten. Vor dem Verzehr sollte man es, wenn nichts anderes angegeben ist, etwa 30 Minuten in den Kühlschrank stellen und antauen lassen. Das Eis lässt sich dann besser portionieren und entfaltet sein volles Aroma.
Wichtig: Angetautes Eis sofort verzehren und nicht wieder einfrieren!
Benutzen Sie für die Zubereitung eine Eismaschine (so wird das Eis übrigens cremiger), dann beachten Sie dabei die Gebrauchsanleitung des Herstellers.

Hinweise zu den Nährwerten

Bei den Nährwertangaben, die in den Rezepten angegeben sind, handelt es sich um auf- bzw. abgerundete ganze Werte. Lediglich die Broteinheiten werden in 0,5er-Schritten mit einer Stelle nach dem Komma angegeben.
Aufgrund von ständigen Rohstoffschwankungen und/oder Rezepturveränderungen bei Lebensmitteln kann es zu Abweichungen kommen. Die Nährwertangaben dienen daher lediglich Ihrer Orientierung und eignen sich nur bedingt für die Berechnung eines Diätplans, zum Beispiel bei Krankheiten wie Diabetes.
Bei krankheitsbedingten Diäten richten Sie sich daher bitte nach den Anweisungen Ihres Diätassistenten bzw. Ihres Arztes.

Abkürzungen und Symbole

EL	= Esslöffel	gem.	= gemahlen	⬛	= Kalorien-/Nährwertangaben		
TL	= Teelöffel	ger.	= gerieben				
Msp.	= Messerspitze	gestr.	= gestrichen	E	= Eiweiß		
Pck.	= Packung/Päckchen	mind.	= mindestens	F	= Fett		
g	= Gramm	TK	= Tiefkühlprodukt	Kh	= Kohlenhydrate		
kg	= Kilogramm	°C	= Grad Celsius	kJ	= Kilojoule		
ml	= Milliliter	Ø	= Durchmesser	kcal	= Kilokalorien		
l	= Liter	⏱	= Zubereitungs- und Gefrierzeiten	BE	= Broteinheiten		
evtl.	= eventuell						
geh.	= gehäuft						

ALPHABETISCHES
REGISTER

A
Apfel-Mango-Eis-Smoothie 46
Avocado-Limetten-Sorbet 30

B
Beeren-Pops 58
Bunte Eistüten 64
Buttermilch-Crème-fraîche-Eis (Titelrezept) 26
Buttermilch-Crème-fraîche-Eis mit Physalis 26

C/D
Café Frappé 34
Cassata 72
Cassis-Sorbet. 42
Cola-Lychee-Eis 66
Creamy Frozen Yogurt 6
Crème-fraîche-Eis mit roter Grütze. 20
Daiquiri-Sorbet. 38

E/F
Eisbären, kleine 74
Eiskaffee, klassischer 34
Eis-Pops, orientalische 50
Eisroulade. 88
Eisschokolade 34
Eistüten, bunte. 64
Erdbeer-Baiser-Eistörtchen 80
Erdbeer-Granita 32
Erdbeer-Quark-Eis. . . . . , , ... 14
Erdbeersauce. 92
Erdbeersorbet (Titelrezept) 36
Exotische Granita 40
Frozen Cheesecake 82

G/H
Ginger Frozen Yogurt 16
Hagebutten-Soja-Eis. 22
Heidelbeer-Soja-Eis-Smoothie 46
Himbeer- oder Johannisbeeren-Granita 32
Himbeer-Sahne-Eiscreme im Waffelbecher 14
Himbeersorbet. 36
Holunder-Apfel-Eis-Smoothie 46

K/L
Kirschwasser-Eisrosen 86
Klassischer Eiskaffee 34
Kleine Eisbären 74

Kokos-Eis-Pops 54
Kürbis-Limetten-Sorbet, veganes 30
Kürbis-Orangen-Muffins 70
Lakritz-Vanille-Tüten 56
Lemon Frozen Yoghurt 12
Limo-Kiwi-Eis 66

M
Mandel-Bananen-Eis mit Ingwer, veganes 24
Mandel-Kakao-Eis 24
Mango Frozen Yogurt (Titelrezept) 6
Mango-Lassi-Eisdrink und Sorbet. 48
Mango-Melonen-Sekt-Sorbet 44
Mango-Pfirsich-Eistörtchen 78
Mangosauce. 92
Mangosorbet 36
Marzipan-Eis-Pralinen 68
Matcha-Eis 18

N/O/P
Nougat-Sahne-Eis mit Macadamianusskernen 18
Nusseis am Stiel 62
Orangen-Campari-Sorbet 38
Orientalische Eis-Pops 50
Pflaumen-Parfait in der Waffel. 76
Pflaumensorbet mit Schuss. 42

S
Sahneeis 18
Schokoladeneis. . . . . , , ... 8
Schokoladeneis mit Cantuccini, weißes 10
Schokoladensauce 92
Semifreddo di Marsala 84
Soja-Quitten-Eis 22
Stolleneis, weihnachtliches 90
Strawberry Frozen Yoghurt 12
Strawberry-Margarita-Eis 52

V/W
Vanilla Frozen Yoghurt 12
Vanilleeis. 8
Veganes Kürbis-Limetten-Sorbet 30
Veganes Mandel-Bananen-Eis mit Ingwer 24
Waldmeistersirup-Zitronen-Eis 60
Weißes Schokoladeneis mit Cantuccini 10
Weißweinsorbet mit Pfirsichstücken 28

Für Fragen, Vorschläge oder Anregungen stehen Ihnen
der Verbraucherservice der Dr. Oetker Versuchsküche
Telefon: 00800 71 72 73 74 Mo.–Fr. 8:00–18:00 Uhr,
(gebührenfrei in Deutschland)
oder die Mitarbeiter des Dr. Oetker Verlages
Telefon: +49 (0) 521 520645 Mo.–Fr. 9:00–15:00 Uhr
zur Verfügung.

Schreiben Sie uns:
Dr. Oetker Verlag KG, Am Bach 11, 33602 Bielefeld.
Oder besuchen Sie uns online unter www.oetker-verlag.de,
www.facebook.com/Dr.OetkerVerlag oder www.oetker.de.

Umwelthinweis	Dieses Buch und der Einband wurden auf FSC® -zertifiziertem, chlorfrei gebleichtem Papier gedruckt. Die Einschrumpffolie – zum Schutz vor Verschmutzung – ist aus umweltfreundlichem und recyclingfähigem PE-Material.

Copyright	© 2015 by Dr. Oetker Verlag KG, Bielefeld
Redaktion	Andrea Gloß
Vorworttext	Klaus Schäfer, Bonn
Titelfoto	Thomas Diercks, Hamburg
Innenfotos	Walter Cimbal, Hamburg (S. 13)
	Fotostudio Diercks, Hamburg (9, 15, 19, 23–27, 31, 37, 43, 47, 61, 66, 67, 73, 81, 85–89)
	Eising Studio Food Photo & Video, München (7, 11, 17, 21, 29, 33, 45, 49, 51, 55, 57, 59, 62–65, 69, 71, 75, 83, 93)
	Janne Peters, Hamburg (S. 41, 52, 53)
	Antje Plewinski, Berlin (S. 35)
	Axel Struwe, Bielefeld (S. 39, 52, 53, 77, 79, 90, 91)
Rezeptberatung und -entwicklung	Anke Rabeler, Berlin
	Dr. Oetker Versuchsküche, Bielefeld (S. 20, 64)
Nährwertberechnungen	Nutri Service, Hennef
Grafisches Konzept und Titelgestaltung	küstenwerber, Hamburg
Gestaltung	MDH Haselhorst, Bielefeld
Satz	Junfermann Druck & Service GmbH & Co. KG, Paderborn
Reproduktionen	d&d digital data medien GmbH, Bad Oeynhausen
Druck und Bindung	Mohn Media Mohndruck GmbH, Gütersloh

Die Autoren haben dieses Buch nach bestem Wissen und Gewissen erarbeitet. Alle Rezepte, Tipps und Ratschläge sind mit Sorgfalt ausgewählt und geprüft. Eine Haftung des Verlages und seiner Beauftragten für alle erdenklichen Schäden an Personen, Sach- und Vermögensgegenständen ist ausgeschlossen.

Nachdruck und Vervielfältigung (z.B. durch Datenträger aller Art) sowie Verbreitung jeglicher Art, auch auszugsweise, ist nur mit ausdrücklicher Genehmigung und Quellenangabe gestattet.

ISBN: 978-3-7670-0890-8